ホスピタリティ・マインド実践入門

石川英夫
Hideo Ishikawa

研究社

はじめに

顔かたちを明るくし、人と会ったとき、人から嫌われないようにせよ。
旧友を忘れず、新しい友を求めよう。
——福澤諭吉『学問のすゝめ』より

「ホスピタリティ」という言葉がひとり歩きをしています。どうも時流に乗った、語呂のいい便利な言葉らしいのです。ところが、「ホスピタリティ」を頻繁に口にする人ほどホスピタリティを実践していないのです。「ホスピタリティ」とはコンセプト（概念）です。コンセプトを実践に導く梃子《てこ》の役割を演じるのがマインドです。大切なことは「ホスピタリティ」を単なるコンセプトにとどめてしまってはならないということです。

今日、人心の〈劣化現象〉がいたるところで起こっています。そして、識者たちは怒ったり、嘆いたりしています。「公共の場における最低限のマナーは守るべし」とか、「この無作法、何とかならないものか」とか、「人心の砂漠化、人情の過疎化」とか、「子供たちに対して恥ずかしい大人が増えている。情けない限りだ」とか、「この風潮は何とかならないものか」……枚挙にいとまがないほどです。

人のこころの温かさ、優しさ、いたわりのこころ、癒《いや》しへの配慮、善行のすすめ、おもてなしのこころ、思いやりのこころ……など、どれをとっても昔の面影はありません。こうした人と人、人と自然、人と動物、人とモノ、人と金などとの相対的関係がギクシャクして、バランスを崩しています。その結果として、我々の日常生活においても、企業や行政といった組織においても、国と国との関係においても、個人と個人との関係においても、悪い影響が表面化するようになってきました。そして、識者たちは「ホスピタリティ」の欠如を指摘し、今日の〈こころ〉の閉塞感を払底するには「ホスピタリティ」が必須の条件だと口うるさく言うようになりました。しかし、「ホスピタリティ」という言葉だけがひとり歩きを始めて、実際の行動にはほとんど生かされていないというお寒い現実があります。ホスピタリティの概念が実行に移されていれば、この世界はもっと住みやすくなっていることでしょう。人間関係が行き詰まり、組織間の融和が崩れていくと、そこには〈閉塞感〉が漂い始めます。その閉じられた空気を払底するために、かくも「ホスピタリティ」が、万能薬のように言われるようになったのです。

この傾向はまず「サービス産業」と呼ばれる観光に関わる業種から始まりました。ホスピタリティが効果的に実践されれば、お客様を継続してお迎えすることができ、経営効率に好影響を及ぼすからです。顧客満足（ＣＳ）を志向する産業においては、ホスピタリティの有無がビジネスの存立を左右すると言われています。そのために、ビジネス現場では、ホスピタリティの啓発と実践が強く要請されるようになりました。しかし、人間関係の調和や円滑化を期するこころの動きとしての「ホスピタリティ」を生かすには、何にも増して「マインド」と「ハート」が融合して健全に作動しなくてはなりません。

昨今の状況を見ていると、議論をエンドレスに続けている場合ではなく、〈即行動〉の時が来てしまっている、と言っても過言ではありません。しかも、この状況は何もサービス産業に限ったことではありません。例えば、金融、行政、教育、医療、福祉、介護、防衛、製造、美容、運輸、流通などをも広く包括する領域に影響を及ぼすテーマとなっているのです。

日に日を追ってとどまるところを知らない〈こころの荒廃〉を、このまま放っておくと社会はますます疲弊《ひへい》し、ついには国が危《あや》うくなりかねません。
すみやかに行動を起こしましょう。……といっても、誘導してくれる地図も羅針盤もないのです。ホスピタリティの理論や理念規定も必要でしょう。しかし、ホスピタリティは理屈ではないのです。感性です。文化です。あらゆる状況に対応する〈こころ〉の動きです。そして多くの場合、乱暴な言い方をすると、「理屈は不要」なのです。若干の論理性はあるにせよ、人間のハートとマインドに起因する実例の数々を通して、ホスピタリティとは何か、どんな効用があるのか、その結果として、どのような情況変化が起きるのかを検証しているうちに本物のホスピタリティが理解できるようになるのです。「ホスピタリティの実践」は、異文化コミュニケーションによく似ています。実例を積み重ねれば重ねるほど実態が明快になるのです。

重要なのは、こうしたこころの動きを喚起したり、必要とするＴＰＯ（時、場所、場面）と５Ｗ１Ｈ（いつ、どこで、誰が、何を、なぜ、どんな方法で）をよく認識することです。そこで、本書では、どうしたら上手にホスピタリティの「マインド」と「ハート」を実際に調和の取れた有効な人間行動に結びつけることができるかに焦点をおいて述べていきます。加えて、それらを生かすコミュニケーションについても考察していきます。

ホスピタリティは森羅万象に関わるこころです。その具体的な言動のあまたの事例を私たちは無数の企業に、団体に、個人に観ることができます。本書には日ごろ、ホスピタリティ・マインドを実践されておられる十二名の方々に「私とホスピタリティ」と題した現場の声をコラムとしてお寄せいただきました。これらのコラムを通して、ホスピタリティの多様性をより実感していただけると思います。また、ご執筆いただきました皆さまには、心よりお礼を申し上げます。本書を読まれる皆さまが、本来日本人が持っている「美徳」や「礼節」を思い起こして、それぞれの立場で何ができるかを考え、実際に行動を起こすきっかけに本書が役立つならば大変うれしく思います。

目次

第一章　ホスピタリティ・マインドとは

第二章　ホスピタリティ・マインドと人間行動の特質

第三章　ホスピタリティ・マインドが生きるＴＰＯと５Ｗ１Ｈ

第四章　ホスピタリティ・マインドを個人として生かすには

第五章　ホスピタリティ・マインドを組織として生かすには

第六章 「お金」とホスピタリティ・マインド

第七章 異業種間で生かされるホスピタリティ・マインド

第八章 国境を越えて生かせるホスピタリティ・マインド

第九章　これからのホスピタリティ

《コラム》　私とホスピタリティ

第一章 ホスピタリティ・マインドとは

マインドとハート

人間には「マインド」と「ハート」があります。マインドは行動の引き金であり、ハートはマインドを支える〈こころ〉です。これら二つが一体となって人間に行動を起こさせるのです。マインドは後天的特質と言ってよいでしょう。ハートはどちらかというと先天的な特質のものです。良いハートには良いマインドが伴います。これら二つの要素が連動し統合して、人間行動を支配していると言ってよいでしょう。つまり、ハートは人に内在していて、マインドはそれを動かす梃子《てこ》のようなものと理解しましょう。この相関関係を観察するには多くの事例に遭遇することが重要です。その意味で、「ホスピタリティ・マインド」の動きを異文化コミュニケーションと捉えることもできます。つまり、数少ない事例からステレオタイプの定義や結論を出すことは危険ですが、たくさんの事例を積み重ねることによって全体像をはっきりさせることができるのです。

ホスピタリティとサービス

マインドとハートの融和を具現化したものが「サービス」です。日本語では「おもてなし」に通じます。さらに詳しく言うなら、「愉快にお客をもてなし、親切に惜しみない態度でお客に接する」ということです。いわゆる「異人歓待」の歴史的文化遺産の流れです。ここでは、異人歓待に関する西洋の故事来歴はともかくとして、日本における「おもてなし」について考察してみましょう。

日本語で「サービス」と言う時、「タダ」「無料」「おまけ」的なニュアンスがあります（ちなみに、英語の service には「タダ」という意味はありません）。「サービス」を提供する側から見れば、これは迷惑な話です。「サービス」にはコストがかかっているのです。相手に対して、より良い内容や質のサービスを提供しようとすればするほど、コストはかさみます。サービスをビジネスの場で行なう場合には、かかったコストを回収しなければなりません。そして、回収したコストを再投資して、より良いサービスを志向しなければなりません。「サービス」にはお金がかかります。さらには、労力や時間もかかります。文字通り「時は金なり」です。

そこには、効率的に、効果的に、無駄のないお金のかけ方が要求されます。これは実に当たり前のことなのですが、よくわかっていない人がかなりいるのも確かです。しかるべき論拠も理由もなしに、「あったほうがいい」とか「やったほうがいい」といった程度の考え方にそれらは見られます。しかし、そんな時には「もしもなかったらどうだろう」とか「…どれくらいのダメージが推測されるか」などと思考の軸を変えてみてください。with をwithout に変えて〈逆転発想〉をしてみることです。これで視野が広く、明るくなります。言い換えれば、なくてもいいものが世の中にはたくさんあって、それがサービスのコストを押し上げているのです。

これまで日本のサービスは、おしなべて世界中で好評を得てきました。それが日本経済の高い競争力を支えてきました。日本製品の品質はもとより、「サービス」の良さの評価です。これは日本文化が「サービス文化」と呼ばれる所以《ゆえん》でもあります。そして、日本人と欧米人の考え方や行動パターンの違いをよく表わしています。その例は数え切れないほどありますが、時として、それが「過剰サービス」になってはいないかという指摘もあります。価値や効果を生む以上にコストをかけすぎてはいないかということです。これは反省を迫られるテーマでもあります。

「サービス」とは特定の状況で提供される標準化された〈知恵、労力、時間〉などの総和です。無駄なく、そつなく、スムーズに行なうことが重要です。今日風に言うと、「デジタル」的志向の行為と言うことができるかもしれません。これは「マニュアル」で間に合うことであり、従来ならば、これだけで完結するものです。しかし、世の中は競争社会です。いいものはいいから伸びます。劣るものは自ずと後退します。伸びるためには競争に打ち勝たねばなりません。何をやるにも、そこでは、「競争上の優位性」が必須となります。相手を退けるにはこの優位性が不可欠です。これが「サービス」に付加されて効果を発揮すると、「勝つ力」が付きます。この付加された力もしくは価値が「ホスピタリティ」です。これは主として人的資源によるものです。つまり、デジタルに対する「アナログ」的志向の行為なのです。「モノ」から発するのではなく、「人」そのものからほとばしり出る（むろん、出方は多種多様ですが）貢献行為なのです。「サービス」それ自体は多くを語りませんが、「ホスピタリティ」は多彩で多弁です。人によって、その実践や演出などの方法や手段が違ってきます。つまり、ホスピタリティは、まさに人なり、なのです。

ですから、サービスに携わる人の資質や能力を鍛え、磨かなければならないのです。サービスを受ける相手も自分自身を磨いています。そして、同じように多種多彩です。サービスは「一方通行」ではなくて「双方向」であることを忘れてはなりません。それは、ひとりよがりになりがちな「クレド」（credo　信条）や「マニュアル」（手引）で縛れるものではないのです。

最低限のホスピタリティ実践項目

人には感性があります。いいことはいい。悪いことは悪い。駄目なものは駄目……ホスピタリティには、この分別力に基づく実践可能な指標があります。それは「ホスピタリティ」を表現する数々のキーワードやフレーズです。世間には、その表現が生きているもの、今が旬のもの、死にかけているもの、完全に死んでいるものなどが混在していますので、選択を間違わないようにしましょう。仮に、ホスピタリティを「礼儀正しく」「無駄がない」「上品・上手なおもてなし」と定義した場合の最低限のホスピタリティ実践項目を以下に挙げてみましょう。

「礼儀正しく」とは――
こころのこもった挨拶《あいさつ》をすること
相手の素性を正確に把握すること（絶対間違わない！）
アイコンタクトを保つこと

相手の名前を正確に覚え、名前でお呼びすること
相手と気持ちを分かち合うこと
きめ細かい心配り、気配りを徹底すること
聞き上手になること

「無駄がない」とは――

「ホウ・レン・ソウ」（報告・連絡・相談）の徹底
正確で簡潔な言葉遣い
相手のニーズを先読み・先取りして早く理解すること
細心の注意力を磨くこと
計算力を駆使すること
ノーエラー、ノーミステークに徹すること
良質な以心伝心、先入観などに頼らないこと

「上品・上手なおもてなし」とは——

風格・品格があること
落ち着きと穏やかさが感じられること
笑顔を絶やさないこと
丁寧で正確な言葉遣いに徹すること
話術に長《た》けていること
程度や塩梅《あんばい》について分別があること
控え目であること
時間や間に無駄がないこと

以上のような諸属性を表わす姿勢や行動が、サービスに付加価値としての競争力を与えてくれるのです。そして、TPOに適した言動に留意しながらサービス場面で「ホスピタリティ・マインド」を実践した時にサービスを受ける相手は感動したり、感激したり、満足するのです。

ここで、日本の「サービス文化」の源泉ともいえる古《いにしえ》からの「おもてなし」に関わる数多くのキーワードやフレーズを振り返ることも、今日のホスピタリティを考える時に意義があると思い、図を24ページと25ページに掲げましたのでご参照ください。日本人固有の素晴らしいホスピタリティ文化の〈うねり〉が感じ取れます。

そこで、今日の状況に目を転じてみましょう。前述の「おもてなし」キーワードやフレーズ群からわかるように日本古来の「おもてなし」文化は世界に誇れるものでした。ところが時代の変遷の中で日本人固有の美徳や礼節でもある「ホスピタリティ」がゆらいで、今にも音を立てて崩れ落ちてしまいそうです。そのために社会や企業や行政の現場におけるホスピタリティの啓蒙と実践が強く要請されるようになりました。そして、特に人間関係の調和や円滑化を期するための〈こころ〉の動きである「ホスピタリティ」を生かすには、何にも増して「マインド」と「ハート」の健全な統合と、作動が求められるのです。

「もてなし」の関連派生語

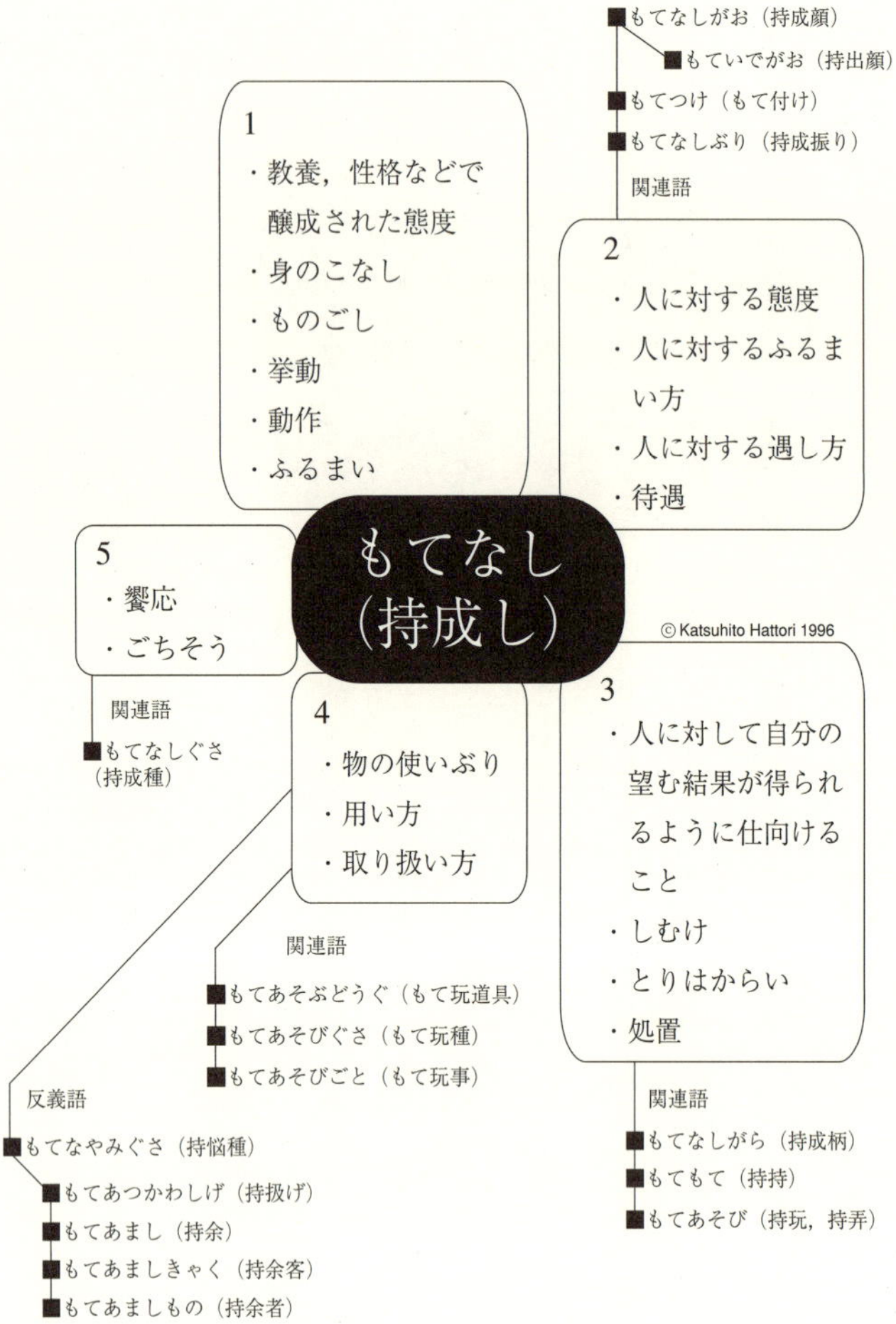

出典：服部勝人（1996）『ホスピタリティ・マネジメント』丸善，p.24，図1・3。

「もてなす」の関連派生語

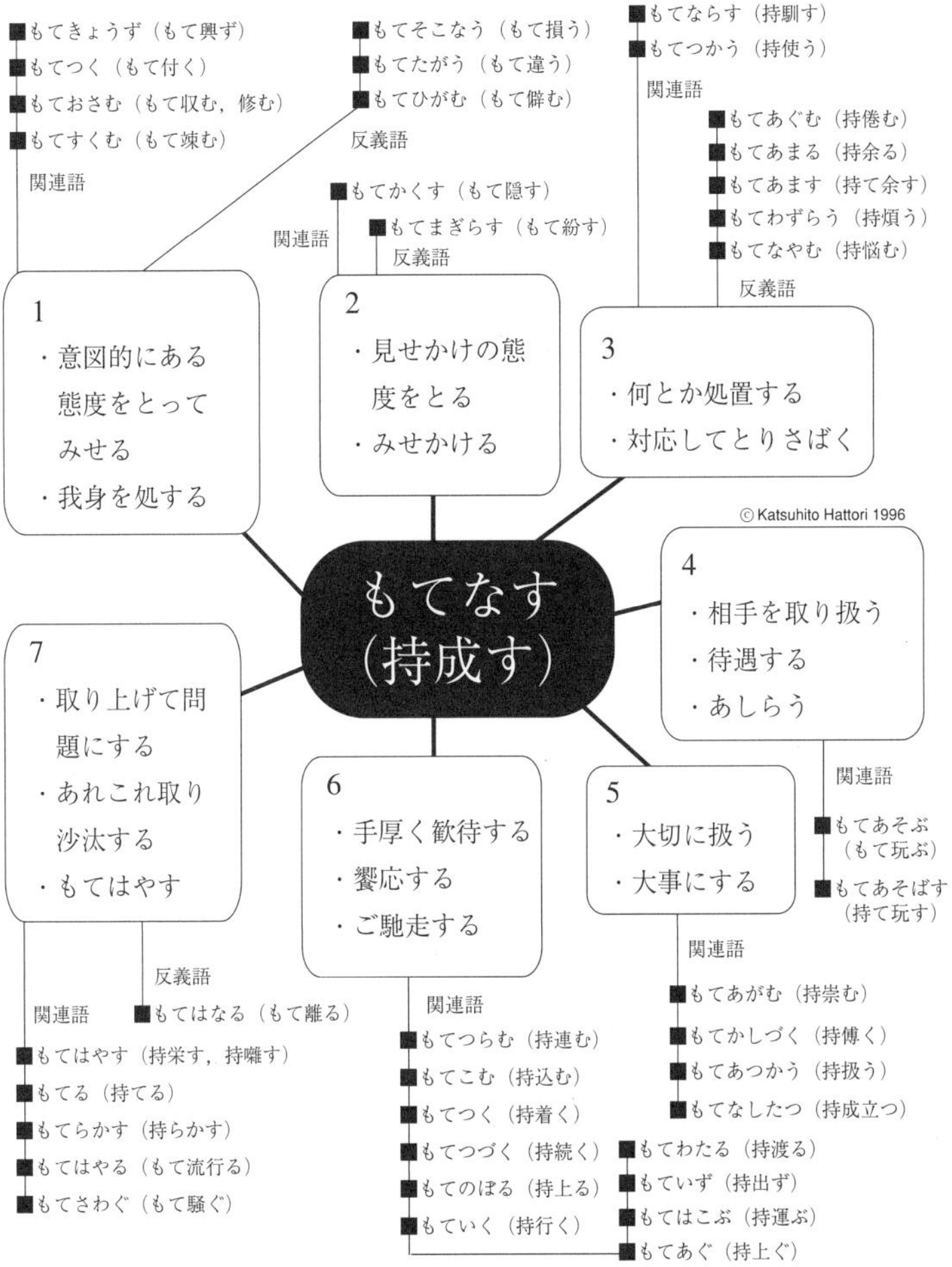
もてなす
(持成す)
1
・意図的にある態度をとってみせる
・我身を処する
関連語
もてきょうず（もて興ず）
もてつく（もて付く）
もておさむ（もて収む，修む）
もてすくむ（もて竦む）
反義語
もてそこなう（もて損う）
もてたがう（もて違う）
もてひがむ（もて僻む）
2
・見せかけの態度をとる
・みせかける
関連語
もてかくす（もて隠す）
反義語
もてまぎらす（もて紛す）
3
・何とか処置する
・対応してとりさばく
関連語
もてならす（持馴す）
もてつかう（持使う）
反義語
もてあぐむ（持倦む）
もてあまる（持余る）
もてあます（持て余す）
もてわずらう（持煩う）
もてなやむ（持悩む）
© Katsuhito Hattori 1996
4
・相手を取り扱う
・待遇する
・あしらう
関連語
もてあそぶ（もて玩ぶ）
もてあそばす（持て玩す）
5
・大切に扱う
・大事にする
関連語
もてあがむ（持崇む）
もてかしづく（持傅く）
もてあつかう（持扱う）
もてなしたつ（持成立つ）
6
・手厚く歓待する
・饗応する
・ご馳走する
関連語
もてつらむ（持連む）
もてこむ（持込む）
もてつく（持着く）
もてつづく（持続く）
もてのぼる（持上る）
もていく（持行く）
もてわたる（持渡る）
もていず（持出ず）
もてはこぶ（持運ぶ）
もてあぐ（持上ぐ）
7
・取り上げて問題にする
・あれこれ取り沙汰する
・もてはやす
反義語
もてはなる（もて離る）
関連語
もてはやす（持栄す，持囃す）
もてる（持てる）
もてらかす（持らかす）
もてはやる（もて流行る）
もてさわぐ（もて騒ぐ）

出典：服部勝人（1996）『ホスピタリティ・マネジメント』丸善，p.27，図1・4。

ホスピタリティの語源について

ホスピタリティという言葉は、服部勝人著『ホスピタリティ学原論』（内外出版）によると、ラテン語の「ホスペス」（hospes）が語源だとされています。「ホスペス」とは中世ヨーロッパで十字軍の兵士や旅人のために教会が作った施設（安息所）のことで、「病院」つまり「ホスピタル」や「ホテル」の語源に通じると言われています（同語源の「ホスピス」（hospice）は癌の末期患者の介護をする施設の意味でも使います）。また、語源をたどると、それはラテン語が中心になっていると言われていますが、異なった文化圏の交流によって、元の言葉からもろもろの派生語が生まれて今日に至っていると考えられます。それにしても、「ホスペス」からの派生語であるとされる「ホテル」や「ホスピタル」には〈ホスピタリティ〉が不可欠であり、それだけに親近感を抱かせる言葉です。

ホスピタリティは幸福の青い鳥

九州教具株式会社 取締役副社長
船橋佐知子

私がホスピタリティという概念を知ったのは、長年手がけてきた仕事から異業種に移り、試行錯誤をしていた頃でした。探し続けていた事に出会えた喜びと共に、一本の道が過去から未来へとつながっていくような感覚がしました。

私の生家は文具店です。子供の頃から店の中が遊び場兼、お手伝いの場でした。朝の掃除に始まって、商品の整理整頓、豊富な知識をもとにお客様に的確な商品をおすすめする母や店員さんの姿を間近に見ながら育ちました。

文具店は、小学生からお年寄りまで、さまざまなお客様が来店されます。中には「白い紙が欲しい」としかおっしゃらないお客様も。接客の中から、何にお使いになり、どういった厚みや大きさが適切かを判断し、一枚五円の紙がいいとわかり、満足してお求めいただいたこともありました。

「最高の商品を、最高の状態で、最高の接客によって販売する」を基本理念にしていましたが、この五円の紙一枚でも、そのお客様にとっては最高の商品となり得るのです。

現在はこの文具店を離れ、ビジネスホテルの運営に携わっていますが、やはり私の原点は文具店で身についた接客の姿勢にあります。文具販売とホテル業、実務に多少の違いはありますが、ホスピタリティの視点でとらえると、目指すものは同じです。全身全霊をもってお客様のご要望を察知し、お応えすることは簡単ではありませんが、しっかりとした心構えを持ち、日々の研鑽によって自分を磨き上げていくことでそれが可能になります。

幸福の青い鳥が身近にいたように、お客様の喜びを自分の幸せと感じられる瞬間は、ホスピタリティ・マインドを持つ人にこそ生まれてくることでしょう。

ご婦人の安堵した顔を見て

順天堂大学病院 医学博士
荒牧長門

医師という職業に従事してもう五〇年になる。世間ではホスピタリティを最も実践しやすい仕事と思われているが、実は腹腔鏡専門医という職業柄、長いあいだ配下病院の診断困難な疾患について意見を述べたり、別の視点からの異なった診断や、論文の審査をしたりといった（臨床医とは異なる）高次の仕事がほとんどであった。一方、私の恩師は本当の名医であって、人格も学識も頑張っても追いつけない人であった。

そんなおりに、外来でよく訴えを聞いてあげて、「良かったわ、今日は本当のお医者さんらしい先生に診ていただけて」と言われることがあるが、若くして亡くなった恩師から間接的に褒められた思いがすることがある。

ある日、新宿の大書店の医学書売り場での話である。ちょうど大腸がんの本を見ていたら、突然隣にいたご婦人に、「失礼ですけど、お医者さんでしょうか？」と声をかけられた。見るとただごとではない顔つきであった。一瞬返事に迷ったのであるが、身なり、態度からおかしな人ではないと判断して、「そうです」と答えた。すると、ご主人が大腸がんと診断され、仰天して医学書、それも専門書をたくさんかかえておられた。どの本が良いのかわからないので、何かアドバイスがほしいということであった。

私は、「この本を書いた先生は信頼できる方です。内容も妥当です。この章をよく読んでください」と言って、ゆきがかり上、最も適当な本を選んであげた。私の身分も経験も明かさなかった。ある意味では無責任であるが、これだけでは医療行為ではないので許されることであろう。

ご婦人の安堵した顔を見てこちらもホッとしたものである。

第二章 ホスピタリティ・マインドと人間行動の特質

人は周囲の環境をよくしたい、他人との関係を円滑にしたい、他人が助けを必要とする時には手を差し伸べたい、といった基本的欲求を持っています。そのために、日ごろから知識や能力を身につけて、準備しているのです。言い方を変えると、強いひとりの人間になっていないとホスピタリティ・マインドは有効に機能しないのです。以下に、ホスピタリティ・マインドを生かす人間行動の特質を挙げます。

ホスピタリティ・マインドを生かす六種類の〈こころ〉

好奇心

好奇心なしには知識は得られないし、個人の進歩や進展はありません。好奇心は新しい行動の原動力です。「やってみなはれ！」で表わされるチャレンジ精神や、「百聞は一見に如《し》かず」ということわざもあります。

向上心

「昨日よりも今日をベターに、今日よりも明日をベターに」というひたむきな努力なしにホスピタリティの実践は不可能です。良い意味での〈比較級〉で表現される毎日を過ごしたいものです。例えば「今まで以上に頑張りましょう」といった言葉です。

感謝するこころ

「ありがとうございます」。このひと言が言えない人たちが増えています。感謝のこころは万能です。欧米人は「ありがとう」を言いたくて毎日を生きているとさえ言われています。「あなたは昨日、何回『ありがとう』と言いましたか。または、言われましたか」という言い回しも日常的です。回数によって「いい日」であったかどうかを計るのだそうです。「ありがとう」をきちんと言いましょう。あなたを包む雰囲気は必ず変わります。明るくなります。あたりの空気がすがすがしくなります。笑顔がこぼれます。ホスピタリティ・マインドがそうさせるのです。ホスピタリティ・コミュニケーションは「ありがとう」で始まり、「ありがとう」で結ばれると言っても過言ではありません。

親切心

他人はあなたをよく見ています。やさしい人か、こころ温かい人か、よく話を聞いてくれる人か。他人が苦しんでいる時に、助けの手を差し伸べてくれる人か。「冷たい人」と見られたら、ホスピタリティを生かす場面にあなたの出番はないものと思ってください。

「道聞かれ顔」という顔つきがあるそうです。道を聞いたら、必ず親切に教えてくれそうな顔つきのことです。温かそうな、明るい笑みがいつでも湧き出てくるような表情のことです。

あなたも鏡を見ながらトライしてみてください。そう簡単ではありませんよ。

互恵・互譲のこころ

これは、共生・共存のためのこころの動きです。親切にしていただいたら、お礼を言いましょう。そして、次は親切をお返ししましょう。借りたら、お返しするのです。双方に貸し借りを残さないことが、友情や親愛の情を長続きさせるコツです。例えば外国へ行って友人にお世話になったとします。「今度は日本でお返しさせてください」というお礼状は、「Thank you very much for your hospitality in New York, please let me reciprocate in Japan. で十分です。観光もできた、ご馳走もしていただいた、勉強もできた、面白い経験も積めたなど、何もかも hospitality という一語で表わせるのです。ホスピタリティとは実に便利な言葉です。この語の意味するところの理解を深め、大いに使える機会を増やしましょう。

貢献しようとするこころ

何かお役に立ちたい〈May I help you?〉という〈こころ〉の動きです。環境を良くするために、困っている人を助けるために、組織を固めるために、ひと肌脱ぎたいという気持ちです。

九・一一のアメリカ同時多発テロの時です。あまりの悲惨さとテロへの怒りから、この際何かせねばとこころははやり、とっさに思いついたことは、机の引き出しの中に隠れていた米ドルを集めて送ろうということでした。一ドル札、五ドル札、一〇ドル札をかき集めると、僅少ではありますがまとまった額になりましたので、NY市長宛に書留速達で送りました。当時の市長は旧知のルドルフ・ジュリアーニさんでした。お忙しかったのでしょう。返事はありませんでした。それでもいいのです。大事なことは、いいことをしたのだという満足です。あの時、郵便局から受け取った書留速達便の請書の写しを、時々眺めて思いにふけることがあります。こうした思い出は消えることがありません。

日本では行なわれていないことを述べます。国際団体や財団の役員に就任すると、それなりの義務が与えられます。ノーブレス・オブリージュ（noblesse oblige［仏語］高い身分に伴う義務）のことです。それは半ば強制的な「寄付」です。筆者が監事として参加していた国際団体の財団では「役員は毎年 up to US$1000 の寄付をすること」と規約に書いてあります。それを承知で役員になり、何かいいことをしようということです。up to ですから「上限一〇〇〇ドル」ということです。ならば、五〇〇ドルでも、三〇〇ドルでもいいのです。筆者は三年間監事を務めましたので、それなりの貢献をさせていただいた、と今も満足感で一杯です。

日本人はこういう寄付にあまりなじみません。特定の対象(母校とか、ふるさととか、友人、知人)に対する寄付行為には(それなりの「反対給付」が期待できるからでしょうか)積極的ですが、不特定の対象には消極的です。ですから日本人には、組織や団体の募金委員になり手が少ないのです。ホスピタリティ・マインドがしっかりしていれば、状況は違ってくるはずです。重要な人物であると認めてもらいたい人は、これからこぞって「ノーブレス・オブリージュ」の務めを果たしていただきたいものです。

ホスピタリティ・マインドを生かす三種類の「力」

判断力

私たちは周囲に気を配り、みっともないことをやらないよう努めねばなりません。例えば、人前で恥をかくような話をしないこともホスピタリティ・マインドによるものです。

あるホテルでのことです。著名な学者が来日して、名の通ったホテルにチェックインした時に、この事件は起こりました。ちゃんと予約ができていたはずなのに、実際には事前に確認をしていなかったのです。このために、お客様を迎えに出た方とホテルの担当者との間で押し問答が始まってしまいました。日本語のわからない著名な学者は、なぜもめているのかわからないので当惑するばかりです。結局、出迎えの方がデポジット（保証金）を支払って部屋を確保しました。こんな時、ホテル側は、とりあえずお客様を部屋にお通しした後にお迎えの方と話をすればいいことです。あえて、お客様の面前でもめごとをお見せする必要はまったくないはずです。これではこのホテルのイメージは〈丸つぶれ〉ということになってしまいます。しかし、こういうことをする人ほどホスピタリティの大切さを周りに言いふらすものです。これはホスピタリティを生かすには健全な「判断力」が必要だという一例です。

計算力

数字の扱い方に油断があっては、相手の信用を失います。間違わないことです。自分は間違わなくとも、相手が間違うことがあります。間違いが発生したら、すみやかに修正・訂正の措置を講じることです。そうすれば、誰も傷つきません。放っておいては、事態が悪化するばかりです。確かな計算力を内蔵しておきましょう。そうして、数字の動きについて見当をつけておくことです。暗算力も助けになります。電話で数字を使っての話をすることもあります。そんな時はゆっくり話すことです。会話の途中でわからなくなったら、「〇〇でよろしいですか？」と確認することが大切です。発音もはっきりと、そして、桁を間違わないようように。特にお金の額は何度も何度も繰り返し確認して間違わないようにしましょう。「私は数字に弱くて……」などと言おうものなら相手は心配します。心配させるのはホスピタリティ・マインドが働いていない証拠です。

コミュニケーション力・社交力

コミュニケーションは双方向のバランスを保つことが大切です。三回質問されたら三回以上応答しましょう。そうすれば、理解の貸し借りは必ず平等（イーブン）です。そして、このバランスの上で肩肘張らない相互信頼、相互理解、相互共存などといったコミュニケーション・インフラが構築されるのです。

欧米で、日本人に欠如していることのひとつとして指摘されているのはこのバランスです。それを reciprocity（共生のこころ）の欠如と呼んでいます。つまり、手紙をいただいたら、必ず返事をする。drop a line（一筆啓上）でいいのです。また、ご馳走をされたら、次はこちらからご馳走して、お返しをする。こうした当たり前のことをやっていない人たちが、私たちの周囲にかなりたくさんいることに驚きます。これは理屈ではないのです。〈やるべき〉ことなのです。だから、やるべきことはやらなければならないのです。

必要とされる協調的な特質

協調性

人に出会ったら、よく観察しましょう。そして、〈いい点〉を努めて探しましょう。「この人とは友だちになれるかな」と自問自答することをおすすめします。否定的な、あるいは後ろ向きの見方は極力控えましょう。相違点や違和感を見いだす前に、共通点を探しましょう。共通点が見つかると、何かを一緒にやりたくなります。ひとりでできることには限界がありますが、相性のいい人たちと仕事をすると、時には〈奇跡〉が起きることがありますよ。

誠実

約束を守らない人がいます。守れない約束ならしないほうがよいのですが、つい約束してしまうのです。これが度重なると信用問題になります。友人は次第に去って行きます。欧米人は約束を守ります。なぜでしょう。彼らはできるから約束するのです。できないことは約束しないのです。その場しのぎのことはしないのです。ですから、欧米人が「やってあげたい」と言ってきたら「ありがとうございます」と言って笑顔で受け入れてあげましょう。相手はきっと満面に笑みを浮かべて喜びます。そして、必ず約束を果たしてくれます。

聞き上手

人のこころをつかむには、「聞き上手」にならなければなりません。「聞き上手」にはたくさんの友人ができます。人は自分の話を誰かに聞いてもらいたいといつも願望しています。耳を貸しましょう。共感し、共鳴しましょう。

一生懸命に聞いているようで、実はよく聞いていない人がいます。真剣に聞く、そして〈即行動〉を考えながら聞くことが大切です。効果的なコミュニケーションを図るには、単なる「聞き上手」だけでは足りません。一言一句もらさずに聞いて、具体的対応を考えて実行できるようにしなければなりません。こういう「聞き上手」を欧米では critical listener (分別ある聞き手)といい、優れたコミュニケーション・スキルを有している「真の聞き手・本聞き」として尊敬されます。

〈本聞き、半聞き〉とは――

聞き方にも「本聞き」と「半聞き」があります。本聞きとは集中して耳を傾けること。半聞きは文字通り、集中していない聞き方です。相手の言うことに集中して耳を傾けると好かれること必定《ひつじょう》です。

＊「聞き上手・本聞き」に求められる五つのヒント
(1)要点を聞き逃すな
(2)本論に集中すること
(3)会話の途中で、先に結論や返答を考えたりしない
(4)あせらず、はやらず、落ち着いて相手の発言に聞き入ること
(5)適切なタイミングで質問をして、完全な理解をとりつけ、何事もあやふやにしない

気遣い

「鈍感」や「いいかげん」な印象を人に与えるのは賢い生き方ではありません。例えば、「あ

くび」です。眠い時、退屈した時などに不随意的におきる呼吸運動が「あくび」です。あくびをしている人をよく見かけますが、いいものではありません。この時の動作は、口を大きく開けているので口の中は丸見えとなります。他人にはけっして見せたくないものです。こんな時、かつては口に手をやって隠したものです。ところが、このごろは丸出しの人をよく見かけます。自分が他人の目にどのように映っているかまったくお構いなしです。いつの間に、〈恥ずかしい〉という感性が私たちから消えてしまったのでしょうか。
他人のあくびは見ていて気持ちのいいものではありません。他人に自分のベターなところ、ベストなところを見せる、見てもらう、のもホスピタリティ・マインドのなせるワザなのです。

機転

さりげなく機転を利かせて相手を喜ばせたいものです。「気取り」や「プライド」はコミュニケーションの障害になりがちです。相手に対して頻繁に声をかけましょう。挨拶と笑顔を忘れないようにしましょう。前述のいわゆる「道聞かれ顔」を相手に見せましょう。そして、「ありがとう」を連発しましょう。そうすれば私たちの毎日は必ず「好日」になります。文字通り、Have a nice day!（今日も良い日でありますように）です。

新潟県村上市で体験した事例をご紹介しましょう。新潟は言わずと知れた米どころです。村上市あたりでとれる米は「岩船コシヒカリ」と呼ばれて、とびきりおいしい米として定評があります。宿泊したホテルの売店にその米がありました。せっかく米の本場に来たのだから、米を買って帰ろうと思いつきました。店員さんに購入の意向を告げると「ここにあるものをお送りすることになってしまうのですけれど……」と不安げな表情です。しかし彼女は続けて、「本店に連絡して、つきたてのお米をお送りさせていただきます。そのほうが美味しいですから」と言うのです。もちろん、「ありがとう」です。帰宅すると、その米がすでに届いていました。満足、満足。もちろん、実に美味しいコシヒカリでした。こうした、その場の間髪をいれぬ機転が差をつくり、人に感動や満足感を与えてくれるのです。「この品物を送らせていただきます」は単なるサービス、「精米したてのコシヒカリを送らせていただきます」が加わってみごとなホスピタリティ・マインドの実践となるのです。

必要とされる行動的な特質

行動力

思っていただけでは、相手にはわかりません。言葉に出し、行動しなければ相手に意思が伝わりません。頭でっかちなだけの人がたくさんいます。口で言ったら行動しましょう。「ダメモト」的な行動でも、しないよりは数段いいのです。有言実行を肝に銘じましょう。行動して間違ったら即座に修正なり訂正をすれば、損害は極少に抑えられます。行動しなければ何も起きません。助かる人を助けることもできません。

有言実行

実践や実行を伴わない理屈や理論はむなしいものです。そこから相互信頼は決して生まれません。口に出したら実行しましょう。「できるからこそ口に出し、約束する」という欧米人のもてなし上手にはいつも敬服します。

例えば、日本の標準的な転居通知を思い浮かべてください。「近くにおいでの節《せつ》は是非お立ち寄りください」と書いてありますね。ところが実際は、立ち寄らないだろうと暗黙のうちに決めてかかっている節《ふし》があります。立ち寄られると困る人もいるでしょう。なるべくなら、お立ち寄りいただかないほうが面倒が省けてよい、ということもあるでしょう。欧米では、「お立ち寄りください」と言われたら、立ち寄ってあげたほうがいいのです。それが親愛の情の表現なのです。以下に、アメリカ人からもらった転居通知の例をご紹介しましょう。
Please write, fax, mail but, even better, visit with us.（手紙をください。ファックスでもいいですよ。メールもいいですね。でも、なんといっても、訪ねて来てくれたほうが断然いいんだから、おいでください）
あなたはどちらのほうをとりますか。

迅速な行動

頼みごとを迅速果敢にやっていただけるとうれしいですね。気持ちがいいです。頼まれた側も、即座に頼まれごとを処理できれば、ホッとして肩の荷が下りて気持ちがいいですね。決められた仕事をルーティーン・ワーク（routine work）と呼んでいますが、サービスの基本は、間違いなく決められた仕事をすることです。そこにその仕事をする人の人柄、知識、ノウハウ、勘、知性、感性などが加わり、仕事の質に影響が出ます。その影響が良好に作動したら、ホスピタリティ・マインドがその効用を発揮したということになります。

そして、その影響をばらつきなく、均質化しようというのが社員のためのホスピタリティ教育です。教育の行き届いた事業体は、サービスの一端を垣間見ただけですぐわかります。以下に、ある有名ホテルの例をご紹介しましょう。

大抵のホテルには「周辺案内地図」があります。そのホテルに電話で地図を請求した時のことです。


オペレーターに「周辺案内地図をファックスしてください」とお願いする。

「承知しました。担当のフロントにつながせていただきますので、少しお待ちください」
←
フロントにつながる。
←
フロントはすでにこちらの頼みごとを理解していて、反復は不要。
←
「送り先をお教えいただけますか？」
←
こちらのファックス番号を知らせる。「ありがとうございました」と気持ちのいい返事が返ってくる。
←
待つこと約四十五秒で地図が送られてきた。満足、満足。
これは二分足らずの交信で気持ちよく終わったあっという間のサービスでしたが、この素早い行動にはみごとにホスピタリティ・マインドが生かされていますね。

リーダーシップ

他人頼みであったり、自分の意見がなかったり、コミュニケーション下手だったり、何事にも控えめで遠慮深かったりすると人はついて来ません。沈んでいる人や元気のない人を鼓舞し、励ます統率力がなければなりません。人のこころに影響を与えられる行為を達成するには、ホスピタリティに裏打ちされた「リーダーシップ」が不可欠です。

リーダーシップとはいい意味での強力な〈病原体〉です。伝染します。上司が真のリーダーだと部下も真のリーダーになろうと思います。そして、知らず知らずのうちに上司に似てきます。しかし、職場で良い人間関係を築けない人は、いかに能力があってもリーダーシップをとることは容易ではありません。ここにもホスピタリティ・マインドが不可欠です。

積極性

ホスピタリティは積極的なこころの動きです。気がついたら〈即行動〉です。引っ込み思案では駄目です。しかし、積極的なだけでは足りません。熟慮してから積極性を生かすことです。「猪突猛進」という言葉があります。ホスピタリティにはなじまない言葉です。積極的過ぎるとホスピタリティが単なる「おせっかい」になってしまい、逆効果を招きますから要注意です。

国際性

明治のころの話です。滞日していた外国人たちの日本観です。彼らは一方ではあまり清潔ではない日本を見聞しながら、また一方で「富士山を愛《め》で、人々の礼儀作法に感心し、西欧化していく日本を見られたのは幸運だった」と言っていたといいます。当時、日本人の礼儀作法は外国人の間でもっとに有名でした。そして、これこそ日本人固有の〈美徳〉として広く知られていたのです。「江戸しぐさ」が例としてよく取り上げられています。例えば、人と会う時に会釈《えしやく》（にこやかにうなずいたり、軽くお辞儀をすること）を欠かさない。他人に席を譲る時のやさしい所作《しよさ》などです。

私たちは自分だけに鋭い観察眼があると思いがちで、他人も自分と同等あるいはそれを上回る観察眼を持っていることをしばしば忘れています。自分だけが相手を見ているのではない、自分も見られているのだ、ということを自覚しなければ、往々にして、大きな失敗を招きかねません。「人のふり見て我がふり直せ」とは日本人であろうと、外国人であろうと、ホスピタリティ・マインドを日々磨くべし、とのアドバイスです。

やればできる二つの特質

マメ
人の価値は名刺でははかれません。ある有力業界の会合に出ました。各団体の理事長、会長、副理事長、専務理事、事務総長等々、大物たちと名刺交換をしました。皆さんがそうそうたる人物たちで経歴は輝いていました。せっかくお会いしても、たった十秒程度の名刺交換では相手がどういう人かわかりません。そこで後日、「お会いできて光栄でした。これからもお見知り置きいただきたい」と自分の略歴などを付して手紙を差し上げました。その数約十五通。ご返事くらいはいただけるだろうと期待していたのですが、その期待はみごとに裏切られてしまいました。なんとご返事をいただけたのはたったの一通。しかも、それはメールでした。たまたま名刺を交換し、手紙まで届けてきた人に対して、「ありがとう」くらいの返事は書いてもよさそうですが、それができていないのです。

名刺交換の頻度の高い人はいつも机上に葉書を十枚くらいは置いておき、いただいた名刺やメッセージには面倒くさがらず返事を書くなり反応することです。さもなければ、「怠慢」や「傲慢《ごうまん》」だとみなされ、あなたの品格が問われてしまいます。ホスピタリティ・マインドとは、「マメ」でなければ発揮できないこころの動きです。

あなたは「面倒くさい」とよく言いますか。それは、あなたが「怠け者」であると自ら認めているのと同じです。「筆不精」も「怠け者」のことです。マメにやりましょう。相手は喜びますよ。マメな人には友人がたくさんでき、マメでない人から友人は去って行きます。億劫《おっくう》がったら何もいいことはできません。日本人には「面倒くさい」と言う人が多すぎます！

緻密《ちみつ》に、正確に

ぞんざいで、落ち着きがなく、細部に目が届かない人がいます。緻密（meticulous）でないと失敗する確率は高くなります。ビジネスでのエラーやミステークは高くつきます。時には取り返しのつかないことになりかねません。例えば、文書を書く時には、誤字、脱字、誤綴り（ミススペリング）に気をつけましょう。金銭上の間違いはご法度です。念には念を入れましょう。締め切りに間に合わせるには緻密なスケジュール管理が不可欠です。それをホスピタリティ・マインドが働いた結果という人もいます。

名前を誤記して手紙をくれた方がいます。それがデータベースに入っているとしたら、早速修正していただかねばなりません。そのままにしておけば私の名前は永遠に誤記されることになってしまいます。そんな時には、遠慮しないで、「私の名前が間違っていますので、お手数をおかけしますが、ご訂正をお願いします」と伝えましょう。

また、ビジネスにおいて、正確な言葉遣いをすることはとても重要です。意味不明な言葉は使ってはいけません。企業が自社の理念や原理・原則を訴えるためのスローガンが流行しています。例えば、Make it possible with Canon. とか、「セブンイレブンいい気分」とか、たくさんありますが、無理をして意味不明なスローガンを乱造している例も数限りなく存在しています。

例えば、外国の取引先があるように思えない印刷会社のスローガンは英語でした。
We are always aiming for healing company.（当社は癒《いや》し志向の会社を目指しています）と訴えられても理解に苦しみます。言葉は良く考え抜いて明快に、心地よく使いたいものです。読む人のこころを不安がらせるのはホスピタリティ・マインドの働きではありません。

総仕上げで必要な五つの特質

明朗

「笑う門には福来《きた》る」という有名なことわざがあります。顔の表情や言葉の調子は明るくなければ、相手が気を許してくれません。ホスピタリティは明朗な雰囲気の中で生きるのです。

私たちは、できるならいつも「明るさ」を求めています。明るいところに人は集まります。和が培《つちか》われます。のびのびとします。ホスピタリティ・マインドは「明るさ」を志向しているのです。そんな時に、金子みすゞの「明るいほうへ」という一編の詩を思い出します。

「明るいほうへ」
明るいほうへ　明るいほうへ。
一つの葉でも　陽《ひ》の洩《も》るとこへ。
やぶかげの葉は。
明るいほうへ　明るいほうへ。
はねはこげよと　灯《ひ》のあるとこへ。
夜とぶ虫は。

明るいほうへ　明るいほうへ。
一分もひろく　日のさすとこへ。
都会《まち》に住む子らは。

先見性

何事にも見通しを立てることです。それには、計算力に裏打ちされた先見性がないといけません。これが欠けると、「モノ」「金」「人」を継続的に活用できなくなります。その日暮らしではなくて、継続的に健全なライフスタイルを維持できなければ、こころの健全さを保てません。知恵を生かし、創意工夫をこらして将来を見通すことがホスピタリティのこころの準備につながるのです。

メリハリ

何事も曖昧《あいまい》にせず、きちんとした対応をしましょう。簡潔に、論理的に、礼儀、マナーを遵守《じゅんしゅ》して。さもないと、こころからこころへの意思伝達回路に支障が生じ、その修正に無用なコストが発生してしまいます。

例えば、会議の進め方です。きちんと進行しなかったり、時間の無駄があったりすると、決まるものも決まりません。制御装置を整えて会議を進行するのも「メリハリ」です。会議の目的の明確化、日程の調整、議事項目（agenda アジェンダ）の作成、議長選出、議事録（minutes ミニッツ）作成者選定、会議室の設営、連絡・報告チャネルの確定……どれひとつとってもおろそかにはできないことばかりです。「備えあれば患《うれ》えなし」。これもホスピタリティ・マインドの働き場です。

健康

心身の健康はホスピタリティ・マインドの健全な実践に欠かすことのできない条件です。健康であればこそ、果断な行動が可能になるのです。健康でいれば相手も好感を抱くし、安心・安堵の対応をしてくれます。気持ちも前向きになります。行動はマメになります。面倒くさいなどと言わなくなります。健康状態をメンテナンスすることは、即ホスピタリティ・マインドの発動につながるのです。例えば、健康食品を担当する営業マンは、健康そのものの態度や話し方が当然とされています。健康のパワーは相手に好印象を与え、明るい、軽やかな会話を可能にします。そこにホスピタリティ・マインドの成果である〈快感〉や〈満足〉が生まれます。

品性・品格

「品がない」「下品」「ずぼら」「だらしがない」「あらっぽい」「怠惰」「鈍い」「汚い」などはホスピタリティ・マインドの強敵です。ホスピタリティ・マインドは清潔です、敏捷《びんしょう》です、マメです、明るい笑顔がつきものです。言葉も丁寧で適語を適所で使います。例えば、教師が授業で「あの馬鹿が……」と連発すれば、聞く側もいい気持ち（comfortable）ではなくなり、先生の声に耳を傾けなくなってしまいます。

アメリカの有名な陸軍士官学校に一日入学をした時のことです。十五名のクラスでした。

教官は軍人です。立派な軍服、胸には各種武勲章をつけて教壇に立ちます。一見して立ち姿も、顔の表情も、身振り手振りも、身だしなみも、すべてがトータルでこの教官の「全体像」を表現しています。つまり、尊敬に値する「形」がそこにあるのです。生徒たちはその「形」に圧倒されます。そこにいる教官には、歴然とした指導者としての品性と品格があるからです。

そして、生徒たちは教官の「形」からだけでも「自分の将来像はあの教官なんだ」と認識するようになるのです。ジーパンやジャージーが悪いと言っているのではありません。要は、自分が何を志向しているのかを的確に把握し、交信する相手を正確に理解し、TPO（時、場所、場面）と5W1H（いつ、どこで、誰が、何を、なぜ、どんな方法で）をよく認識することが大切です。また、ここでは「形」の重要性をあらためて確認してください。

そして、「ドレスコード」（服装規定）の重みもあらためて理解してください。このあたりの大切さを表わすForm follows function.（形態は機能に従う）という有名な言葉がありま す。「中身が良ければ形も良い」という意味ですが、「中身」も大事だが、「形」も大事ということでもあります。「形」はそれほどではないですが、中身は最高です、と説明されても、そうそう簡単に納得できません。それなりの説明が要ります。説明には無駄な時間と労力が要ります。ならば、初めから「形」を整えましょう。このような配慮をすることが、ホスピタリティ・マインドなのです。

ホスピタリティとは人格

株式会社 清香苑 代表取締役社長
小栗眞理子

ホスピタリティの心をいくら持っていても、それが形となって表現されないかぎりお客様には伝わりません。わが身や自分の家族に置き換え、思いやりに溢れた心遣いや行動ができること。相手に喜んでもらうことが、自分の喜びと捉え、苦しみや痛みまでもその人の立場になって察知し、分かち合うことができる人が、社員にどれだけいるかが大切なのです。

「ホスピタリティの心」を本人の気付きを通して、どれだけ多く引き出し、行動に結びつけることができるかが、私ども葬祭業の重要な能力開発テーマであり、大切な企業文化の礎となると考えています。長年、ともに暮らし支え合ってきた妻、または夫を亡くされた方々の悲しみは、体験した人でなければわからないほどに深く、他の何物にも代え難いほどの人生の痛みを負います。喪失感、怒り、虚脱感、自暴自棄……、さまざまなつらい感情が、嵐の如く襲いかかります。家族を自死で亡くしたご遺族の場合は、さらに自死の動機を理解するという重荷が加わり、罪責感と自己非難に何年も悩まされ、立ち直りまでの悲嘆のプロセスが長引きます。ご遺族には、信じがたい事実を告げられた最初の衝撃からいくらかでも持ち直すための時間、つらく苦しい故人との対話の時間が必要です。悲しみ、嘆きを心の赴くままに表出し、死者の生を自ら深く刻む、これらの遺族のグリーフワーク（喪の作業）を妨げないこと、さらに、軽く、短くすることを念頭に、ご遺族の心情に添った接遇をスタッフ全員が心掛けています。

これらホスピタリティを表現する「態度・表情・言葉遣い」は人となりや、心を伝えるものです。私ども、葬祭従事者のホスピタリティとは、単なるサービスを超え、「人格」そのものだと考えております。

最高のホスピタリティとは自分自身を磨くこと

名古屋観光ホテル ヒューマンリソースマネージャー
木林利行

私は開業七〇周年を迎えた名古屋観光ホテルのホテルマンとして入社以来、ホスピタリティとはお客様に対して神聖で重みがある言葉として捉え、「人が人を幸せにするもの」、すでに私たち一人ひとりの心に備わっている「相手をケアする気持ち」と理解してきました。

私は現在人事スタッフとして、お客様だけではなく、共に働くスタッフにもホスピタリティは欠かすことができない大切なものだと思います。ホテルには多くのスタッフが夢や希望を持って働いています。しかし、最初のイメージと現実とのギャップからホテルで働く誇りや志を見失います。常にスタッフに対して、ホスピタリティあるフォローやバックアップを心がけて、ホスピタリティ・マインドを持った人間へと育てます。

その一つの方法が、どんな成長や変化でも相手に〈言葉として〉伝えることです。そのコミュニケーションの積み重ねが双方の存在を認め、いつしか心と心が繋がり、わずかなアドバイスでスタッフ自身がモチベーションをあげ、笑顔や個性を輝かせることができます。

ホスピタリティとは、どんなに知識を得ていてもホスピタリティ・マインドある行動が実践できるわけではありません。その必要性を理解し、表現できる感性やコミュニケーション能力が備わらないと、何も相手に伝えることはできません。

ホスピタリティの原点は、「何をしたかではなく、相手がどう感じるか」です。

人が人との関わりの中で気付き、学ぶことによってのみ、身に付けることができる最高のヒューマン・スキルです。

私たちは自分自身のホスピタリティを磨くことで、間接的にお客様や共に働くスタッフの人生をより良くすることが可能だと思います。

第三章

ホスピタリティ・マインドが生きる
ＴＰＯと５Ｗ１Ｈ

ホスピタリティ・マインドをわざとらしく、しかも強制的に働かせる必要はありません。善意や好意の押し売りは「おせっかい」と紙一重であることを忘れてはなりません。「余計なお世話」と言われるといやな思いをしますよね。ならば、相手の気持ちを察して程度をわきまえたホスピタリティ・マインドの実践に努めましょう。

何事も「間《ま》」を間違えると、うまくいきません。「間違い」「間が悪い」「間抜け」などという日本語表現もあります。そうならないようにＴＰＯ（時、場所、場面）を的確に捉えて行動に移すことです。いいことをしてあげたいと思っても、相手がそれを必要としない場合にはお互いに気まずい思いをします。例えば「凶事」の際に話を盛り上げようとして「慶事」の話題を出してしまうとか、です。何かしてあげたい時でも、やってあげると相手は周りを気にして恥ずかしく思ったりするような時には、早くそれを察して、やらないほうが良いですよ。もう少し具体的にいくつかの例をご紹介しましょう。

時 (timing)

旅行者が地図を広げて何か探している様子を見かけました。早速歩み寄って、May I help you?（何かお困りですか?）と声をかけてあげましょう。相手はこの「ヘルプ」を必要としているのですから、必ず喜びます。ホスピタリティ・マインドが生かされる時です。アメリカの「南部ホスピタリティ」(Southern Hospitality) はつとに有名です。アトランタへ行ったとしましょう。ホテルで、路上で、町で誰と会っても笑顔の挨拶《あいさつ》があります。おせっかいの印象はまったくありません。むしろ、うれしい安心感を抱いてしまいます。もしも、このホスピタリティがなかったらどうなるでしょうか。あの爽快な Have a nice day! も聞けないでしょう。こういう即座のコミュニケーションがホスピタリティ・マインドの実践なのです。

大きな、重そうな荷物を抱えている年配の方を見たら即座に「お持ちしましょう」と助けてあげる。この行動は素直な「瞬間的な」ものです。してあげようか、あげまいか、迷惑かな……などと考えていてはいけません。いいことをしてあげようというこころの動きを一瞬のためらいもなく行動に移すことです。さもなければ、「おせっかい」ととられてしまう確率は高くなります。なぜなら、そこには、「わざとらしさ」が見えるからです。

後述しますが、挨拶は当たり前の礼儀です。しかし、それができない人が増えています。例えば、学校などでは、廊下や壁などに「挨拶励行」という張り紙やポスターが目に付きます。それほど挨拶が交わされていないのです。最も美しい日本語表現のひとつは「おはようございます」だそうです。ならば思う存分使ってみましょう。

機内で自分の座席に近づくと、隣の席に誰かがすでに座っていました。目が合いました。その〈瞬間〉を逃してはいけません。間髪をいれずに「こんにちは」とか「おはようございます」と挨拶を交わしましょう。簡単なこの挨拶で二人の距離はぐっと縮まり、まったくの「他人」ではなくなるのです。そして、次の会話への扉が開けるのです。これが北米や欧州への長いフライトだったらどうでしょうか。挨拶をしそこなった二人は、時間が経つとだんだん会話の機会を失い、十時間以上も沈黙の隣人同士となるのです。ところが挨拶をした間柄ならば会話も弾むし、お酒も食事も楽しくなります。あなたならどちらを選択しますか。もちろん、「挨拶派」のほうでしょう。タイミングを逃さない挨拶は、お互いの快適さと調和を促すホスピタリティ・マインドのなせるワザなのです。

場所（place）

例えば、そこが女性が多数を占める場だとします。そして、あなたが男性ならば、「レディファースト」は鉄則です。また、寒い時期になると会議場や宴会場へオーバーやコートを着たままやって来る女性もいます。居合わせた男性は女性のコートを脱がせる手伝いをしなければなりません。そして、座りやすいように椅子を引いてあげます。こうしたことが「瞬時に」できなければなりません。着席したテーブルで想定される話題についても、あらかじめ用意しておきましょう。会話上手になって、相手が男性であっても、女性であっても、快適な空気で包もうとするこころの動きがホスピタリティ・マインドです。

油断は禁物です。「備えあれば患《うれ》えなし」と言うではありませんか。暑いアジアでの最たるサービスは「冷房を利《き》かせる」ことだと言われます。外は暑いが室内は涼しい。しかし、涼しさを超えて、特に半袖の上着を着ている女性たちには耐えられないほどの寒さになることもあるのです。そんな時、気を利かせてカーディガンなどを用意しておくと、それを必要とする女性がいて、感謝されます。これも先見性のあるホスピタリティ・マインドです。

「袖振り合うも多生《たしょう》の縁《えん》」と言います。ふとした、人との出会いは大切にしましょう。どこにご縁が潜んでいるかわかりません。例えば、圧倒的に知らない人たちばかりの集まりに出たとします。話し相手はいません。こんな時、「孤独」を感じてしまいます。立食パーティだったら、飲み物の入ったグラスを片手に右往左往することがままあります。そのような時にはどなたかに声をかけたいし、かけてもらいたいと思います。これも瞬時のアクションで解決します。自分から思い切って声をかけましょう。「やってみなはれ！」の気迫です。声をかけられた相手は喜びます。シンガポールでこのようにして知り合ったアメリカ人と筆者は二〇年も経過した今も親交を続けています。過日も次のようなメールが届きました。

Please let us know if you and your family are visiting southern California. We'd love to see you.（南カリフォルニア訪問の予定が立ったら知らせてください。首を長くして待っています）

場面（occasion）

人はみな他の人との出会いを心待ちにしているものです。偶然の出会いがあり、うまくいくと格別うれしいものです。ご馳走したり、されたりして、親密になります。そのような時には「貸し借りなし」の関係を意識して構築しましょう。何かいいことをしていただいたら、お返しをしましょう。このように相手といつもeven（チャラ）な状況を確保しましょう。さもないと友情や親愛の間柄は長続きしません。これもホスピタリティ・マインドの効用です。

打ち合わせの相手にお年寄りがいたら、視力を考慮して、資料などの文書には大きめの活字を使いましょう。「読みやすい。気が利いている。うれしいよ」と言って喜んでくれます。これも、そこにホスピタリティ・マインドがあったからできたことで、プレゼンテーション競争に勝てる条件のひとつです。

立食パーティでは、よく寿司の屋台が設《しつら》えてあります。寿司には日本茶が欠かせません。日本茶の用意がないとしたら困るお客様もいます。ここでは接遇の「用意周到さ」がテストされています。日本茶があると客が喜ぶのは常識です。しかし、常識を実践するのは、案外難しいことです。しかし、軽んじてはいけません。相手を快い気持ちにさせる、うれしがらせる、ほっとさせる、満足させる……ホスピタリティ・マインドが働けば、心配無用なのです。そのためには Don't mind!（細かいことにくよくよするな）ではなくて、何が何でも Do mind!（細かいことにくよくよしなさい）であることを確認しましょう。

次いで、5W1H（誰が、何を、いつ、どこで、どうして、どんなふうに）について述べましょう。

誰が（who）

相手を良く知ることです。しかも、正確に知ることです。さもないと大きな過《あやま》ちをおかすことになりかねません。まず、名前を正確に覚えましょう。フルネームで、漢字も正確に覚える習慣をつけましょう。さらに、いただいた名刺にその方の特徴など、大事な情報を書いておいて、記憶しておきましょう。

筆者の姓は「石川」ですが、かつて私に対して「石井さん」を連発して三時間近くも話をし続けた方がいました。名前を間違えられたほうはいい気持ちはしません。相手（ホスピタリティを語る時には、おおむね「お客様」が対象ですが）の関連情報を的確に収集して、データベースにしておくことです。間違いを起こさないように徹底して調べましょう。それを確かなものにするのがホスピタリティ・マインドの実践です。

何を（what）

誰かがあなたの近くにいて、何かしようとしています。何でしょうか。困っているのでしょうか。どんな表情をしていますか。誰かを待っているのでしょうか。……こんな時には、「察する」ことが大切です。これが「マインド」です。そして、判断しましょう。そのままにしておいたほうがいいのか。声をかけたほうがいいのか。やはり、もう少し待ってみようか……。度を超すと、「おせっかい」になりかねません。何も問題がなければいいのですが、実際、何かあったら自分の意思を明らかにしましょう。そして、自分が何をしてあげられるかを考えましょう。無関心は強敵です。でも、行き過ぎた関心は嫌われる原因となってしまいます。

ここでは、微妙なバランス感覚が試されています。

いつ（when）

「間《ま》」のことです。TPOのTO（時と場面）と同じです。「間」を間違えたらいけません。善意も好意も相手に伝わりません。朝なら朝らしく、夜なら夜らしく。冠婚葬祭ならそれらしく、時と場面を間違えないように、適切な理解と判断に基づいて慎重に諸事をこなしましょう。

例えば、お祝いの時にはお祝いの雰囲気を大事にしましょう。時機を逸すると、挽回するのに余計なエネルギーを要することになります。普段考えていることを行動に移す時は慎重に「時」を選びましょう。相手が受け入れてくれやすい時に話を切り出しましょう。一方的な言動は時と場面をわきまえないと評されてマイナス効果を招くだけです。

どこで（where）

ＴＰＯのＰと同じで、「場所」のことです。「場をわきまえない無礼な……」とはよく耳にする言葉です。場所をしっかりと把握し、なぜこの場所なのか、正確に理解しておきましょう。普段着でいい場所なのか、改まった雰囲気の場所なのか。なじみの場所か、初めての場所か、場所の名称は何か。仕事の場所か、レジャーの場所か。場所をわきまえての言動は間違いを極少化できます。間違いを犯して相手に迷惑をかけない言動もホスピタリティ・マインドの働きです。例えば、レジャーを楽しむためのテーマパークへネクタイ着用で出かけたりして、フォーマル（よそゆき）とインフォーマル（普段着）を取り違えたりしないようにしなければなりません。こんな時に欧米では「ドレスコード」（服装規定）というのがあって便利です。

どうして（why）

万物の存在にはそれなりの理由があります。例えば、なぜ、この人はここにいるのか、というような簡単な問いにもちゃんとした理由なり内容があるのです。それを探りましょう。そうすることにより、問題解決への糸口がみつかるのです。口に出さなくとも、「なぜ、どうして？」という問題意識（マインド）をいつも持ち続けましょう。

どうしてこのお客様はあんなに明るい表情をしておられるのか。どうしてあのお客様には不満げな表情が顔に出ているのだろう。いろいろな「なぜ」を気にしましょう。大きな地震が来る前には必ず、「微震」（P波）があるように、感性が鋭ければ、「超微震」をも感知します。感性を磨く訓練も、常時しておきましょう。「なぜ？」には必ず「理由」があります。明快な「理由」をいつも確認できるよう心がけなければ、間違いが起きる確率は高くなります。

どんなふうに（how）

手段のことです。問題や案件の解決に資する「やり方」のことです。手段により結果はいかようにも変わります。手段を選ぶ時には熟慮しましょう。どんなことでも行動を起こす時には、目標なり目的を設定します。そして、得るべき成果を期待します。その成果に到達する手段として可能な限りの選択肢を考慮しましょう。

機械や機材などの物理的な力、知識、技術、知恵、タイミング、バランスなどを統合して、ベストな手段を選びます。その時に大事なのが、相手を正確に知り、尊重する〈こころ〉と態度です。そこで、有効性を発揮するのがホスピタリティ・マインドです。態度としては、ソフトに、自然体で。そして、その心配りは相手を不快にさせない、相手に不信感を与えない態度です。このような態度に日ごろから気をつけることで、いつもの業務や交渉がきっとうまくいくはずです。

地方の人々とともに暮らし学んだこと

㈱明治記念館調理室 代表取締役
角田清範

地方の時代、地方分権と言われながら地方がいまだ活性化しておりません。北海道夕張市財政破綻のニュースを聞くと、言論の自由とはいえ無責任な傍観者発言が目立ち、良くないと思う日々です。人の心の奥底は見えませんが、モラルとは普遍的であるはずのものです。他人へのいたわりも交えた発言はできないものか、相手の立場に立った議論、行動を期待します。

第一次産業が基盤の北海道で、自然環境に左右される日々の中、親は辛抱して自分の子弟に高学歴を授けたい、ホワイトカラーを目指してほしい、少しでも楽な暮らしを［＝安定収入］と夢見るのが普通のことと思います［＝人情］。

私は二十九歳から三十八歳まで、北海道積丹町で家業の傍ら、地域振興をお手伝いしておりました。八〇年代、二〇〇カイリ問題・過疎化・炭坑閉山等の渦中、「町おこし村おこし」、「一村一品観光客誘致合戦」を行なっていた当時の夕張市が大変羨ましく、視察に行きました。議会制民主主義、賛成多数決で当時の人々は藁にもすがる思いでこの事業に参画し活動されていたことを鮮明に記憶しております。こうした活動も命が短くなりました［＝継続は力なり］。先人の成し遂げたことの確認、見極めが必要です。

時代の趨勢を鑑みながら的確に判断し、リーダーシップを大事にしなければなりません。

また、土着の素朴な方々は小手先では動きません。肌と肌、寝起きをともにして自分自身をさらけ出さないと信頼を築けませんし、行動をともにしてはくれません［＝土着の精神］。しかし一度信頼関係で結ばれると、自分を犠牲にしてまでも最後まで責任を含めて、共有してくれるのです［＝武士道］。

私のホスピタリティは、実体験が基本です。キーワードは［相手の立場に立つ、安定収入、人情、継続は力なり、土着の精神、武士道］。

開港・開国の地、「横浜ホスピタリティ」とともに

ＮＰＯ法人 日本ホスピタリティ推進協会専務理事
佐田　宏

一八五九年（安政六年）、横浜は長い鎖国を解き開港・開国の地となりました。そして、二〇〇九年には開港一五〇周年を迎えます。

横浜にはいくつかのホスピタリティを感じさせてくれるエポックがあります。まず、ペリー来航に始まる異文化交流。幕府の混乱をよそ目に、当時の浮世絵でもわかるように市民レベルでの交流がありました。

太平洋戦争が終結し、アメリカ等の駐留軍が横浜をはじめ全国の主要都市に入ってきました。

貧しく、ひもじい子供たちが最初に覚えた英語は Give me chocolate. でした。駐留軍の兵士たちは、子供たちに惜しげもなく、チョコレートやビスケット、ガムを配っていました。ふるさとに残してきた自分の子供のことを思ってしたことなのか、同じ人間として救ってあげたい気持ちでそうしたのかわかりませんが、そのせいもあって、貧しいながら横浜は躍動的な町でした。

私はこのことがアメリカ兵の自主的な行為なのか、それとも占領政策の一環として上からの指示でやったことなのか興味があり、研究中です。

その後、大桟橋港からブラジル等へ、貧しさを乗り越え、新天地を求め一家で移民する人々を見送る人や、もう二度と会えないかもしれない別れのシーンの中などに、ふるさとを思う郷土愛とは何かを感じました。

現在、「京都検定」など、ご当地検定がブームですが、私は、この「横浜ホスピタリティ」を広めるために「横浜検定」を提案しました。ＹＭＣＡや商工会議所や新聞社、テレビ局が共同して「かながわ検定横浜ライセンス」としてスタートすることになりました。

市民が郷土を学び、愛し、訪れる人を心からもてなし、ともにすばらしい思い出を創れるように願っています。

第四章 ホスピタリティ・マインドを個人として生かすには

ホスピタリティ・コミュニケーションとは

ホスピタリティ・マインドなしのコミュニケーションは成立しません。また、コミュニケーションなしのホスピタリティ・マインドも成立しません。ですから、このあたりで、ホスピタリティ・マインド活性化のためのコミュニケーションについて考えてみましょう。このコミュニケーション活動を、あえて「ホスピタリティ・コミュニケーション」と呼んで、人間が良好な関係を保持しながら共生をはかるためのコミュニケーションであることを確認しておきましょう。

一般的にホスピタリティ・コミュニケーションとは、相手に心温まる「おもてなし」のこころを伝えるコミュニケーションのことで、しかも「マメに」「やさしく」「間髪をいれずに」実践されるべきものです。人間間の調和は他愛のない理由で安定もし、傷つき、崩壊もするものです。「聞いていない」「知らされていない」「呼ばれていない」などで代表される「村八分」的な表現がダイナマイトです。それを避けるために密なコミュニケーションの必要性が叫ばれているのです。以下、少し具体的なお話をしましょう。

一筆啓上（drop a line）

二〇〇一年九月十一日、ニューヨークのワールド・トレード・センターがテロで破壊されるという大悲劇が起きました。二〇〇五年、アメリカのルイジアナ州をハリケーン「カトリーナ」が襲いました。多くの犠牲者が出ました。世界中で天災や人災が起きています。マスメディアは悲惨な状況を伝えています。今やこうしたニュースは瞬《また》く間に世界に広がり、人々は驚き、同情し、励まそうとします。助けの手を差し伸べたいと思います。お金を、モノを差し上げたいと思います。ここで最も大切なのは〈こころ〉の持ちようと、その実践です。大事なものを大事なものとして大事にする〈こころ〉です。そして、それこそがホスピタリティ・マインドの実践、つまり具体的行動を起こすことなのです。まず始めに言葉を発信しましょう。そして、言葉を行動で裏打ちしましょう。そのひとつが「手紙」や「メール」です。

手紙を書かない人のことを「筆不精」と言います。マメに手紙を書く人を「筆マメ」と言います。そして、「筆不精」をずばり表わす英語表現はないと言われています（もちろん、説明的には言えますが）。欧米では、筆マメが当たり前で、「筆不精」は相手にされないのが普通です。「筆不精」は〈沈黙〉に近い意味を持っているとされています。沈黙は黙殺や無視、無関心や拒否などに通じるというのです。

数行でもいいですから手紙を書きましょう。これを drop a line（一筆啓上）と言います。数行程度の手紙をしたためるのにどれほどの時間が必要でしょうか。多忙で時間がなくて書けないのではないのです。「筆不精」は面倒くさい、気乗りしないなど、「怠惰」のこころのせいなのです。自分の意思や考え方を、相手に素早く、明快に知らせましょう。これは当たり前の人間行動です。億劫がっていては、新しい友はできにくいし、せっかくできた友は去っていってしまいます。こんなことをしていては一生の大損害であることを肝に銘じておきましょう。「友」というのは奇跡や成功、喜びや救い、癒しなどの源泉です。ならば、友を大事に、大切にしなければなりません。さあ、drop a lineしましょう。以下の手紙を参照してください。
Thank you most sincerely for the lovely book about Japan. As I mentioned in my last letter I have great affection for Japan and her people. Seeing these pictures brings many fond memories to mind of my trips to Japan. If you do visit Washington, please let me know.（[大意] 日本についてのすてきな本をいただきました。ありがとうございます。前にも申し上げましたが、私は日本と日本人が大好きです。お送りいただいた本にある写真を見ると以前訪問した際の数々の思い出がよみがえってきます。ワシントンにおいでになることがあれば、必ずお知らせください）
これは筆者がアメリカの友に日本の本を送ったことに対するお礼の手紙です。少しも難しい内容ではありません。なんと簡単にして、こころのこもった手紙でしょう。この手紙の中のJapanをAmericaに、WashingtonをTokyoに置き換えれば、日本（東京）からアメリカの友に送る手紙の手本になります。やる気になれば、できることです。にもかかわらず、なぜ私たち日本人はdrop a lineができなくなってしまったのでしょう。しかも、この種の手紙は、誰にでも書ける筈《はず》です。筆者は、それができないのは日本人の「面倒くさい症候群」が原因だと思っています。本当に困ったことです。

自分にできることを相手に提供（オファー）して、「ありがとう」が返ってくればうれしいものです。やってあげてよかったと思いますよね。しかし、これも「言うは易《やす》く行なうは難《かた》し」です。しかも、いざやるとしたら、〈即行動〉でなければなりません。逡巡《しゅんじゅん》していてはいけません。そのためには、自分のホスピタリティ能力の「棚卸《たなおろ》し」をしておきましょう。そして、棚卸しの内容をいつも気にしておくことです。そのような心がけを重ねているといつのまにか自分の顔つきも変わり、緊張したライフスタイルが身についてきます。相手の身になってモノを考える癖もつきます。人を観る目も磨かれてきます。

友が大病をしたり、亡くなったりすると気が重くなります。無言でいるわけにはいきません。こころを込めて弔意《ちょうい》を表わしたり、激励をしたりするのは当然の礼儀です。ここでもタイミングを逃さないようにしましょう。弔意を表する文を「弔辞」(condolence) と言います。左記に外国の例を二つ挙げて、ご参考に供します。まさに drop a line でこころは伝わるのです。しかも、この〈こころ〉の「ある」と「なし」では天と地ほどの違いが出てしまうこともあります。

My heart felt sympathy in your great sorrow. May he rest in peace.
(大きな悲しみをお察しします。安らかにおねむりくださいますよう)
May I present my deepest condolences to your greatest sorrow.
(大きな悲しみにこころより哀悼の意を表します)

かつて、アメリカ第三十五代大統領 J・F・ケネディは、一九六一年一月二〇日に行なわれた大統領就任演説でアメリカ国民に対して次のように訴えました。

My fellow Americans, ask not what your country can do for you — ask what you can do for your country.（［大意］アメリカ国民の皆さん、国があなた方に何をしてくれるのかと問いかけることはやめてください。まず、あなた方がアメリカ国民の一人として国に対して何ができるかを胸に手を当てて自分に問いかけてください）
これをホスピタリティ・マインドに当てはめれば、さしずめ次のようになります。
My good friends, ask not what your strangers can do for you — ask what you can do for your strangers.（［大意］皆さん、見知らぬ人に何をしてくれるか尋ねるのはやめましょう。見知らぬ人にあなたならば何をしてあげられるかを自分にまず問いかけてみましょう）

「ホスピタリティ」か、「おせっかい」か

ホスピタリティ・マインドは内向きであってはなりません。それは外に向けて積極的に発

揮されるべきです。遠慮があってはなりません。それには、自分に何ができるかをしっかりと把握して、その力を正しく行使するのに最適なTPOと5W1Hを探すことです。そして、勘違い、間違い、場違い、相手違いを排することが重要です。

しかし、相手のためになると確信して行なった言動が、現実には相手にとっては「迷惑千万」とか、「おせっかい」ととられることがあります。ですから、軽率な言動にはくれぐれも注意しなければなりません。さりげなく行なわれたホスピタリティ・マインドの実践は尊い意味を持ちますが、故意につくりあげられた同様の言動からは、その欺瞞性《ぎまんせい》が露呈してしまいます。繰り返しますが、「ホスピタリティ」は「おせっかい」と紙一重なのです。ちなみに、「おせっかい」とは「余計な世話を焼くこと」「他人のことに不必要に立ち入ること」ですが、英語では interfere とか meddle と言います。語感としては日本語より強い「干渉する」という感じを与える言葉です。いずれにしても、せっかくの善意や誠意が相手に「おせっかい」と受け取られたら元も子もありません。相手をよく観察して、間違いのない適切な判断がそこには求められるのです。

観察眼を磨きましょう。人生模様は複雑で多種、多様です。顕在化しているもの、潜在化しているもの、どこまでが本当で、どこまでがウソか、識別できる能力を養いましょう。そのためには「ものぐさ」であってはならないし、「怠惰」であってはならないのです。五感をシャープに磨いて、〈察する力〉を身につけましょう。人間が大好きという気持ち、明朗闊達《かったつ》なコミュニケーション力も必須です。そして、何より肝心なことは、気持ちに余裕がなければホスピタリティ・マインドとハートの発動は容易なことではないということです。

人間関係の調和構築

人と人とをこころでつなぎ、人の多様性を認め、放っておけば起こりかねない誤解、中傷、憎しみ、嫉妬、無視、軽蔑などを極小に抑えねばなりません。それには、言語、非言語のコミュニケーションの有効性を統合して、その効果を最大化する必要があります。好き嫌いや偏見に左右されず、公平を期することが肝要です。何よりも相手の感性を傷つけないことです。そして、相手をしっかり見て「法を説く」ことです。相手には癖があります。相手をよく見てアプローチの仕方を工夫しましょう。また、「過ぎたるはなお及ばざるが如《ごと》し」です。

無駄のない、しかも、親切で、きめ細やかな対話、会話、伝達に徹しましょう。そして、「強者」対「弱者」の対立図をつくることはやめましょう。それは「百害あって一利なし」です。ご無沙汰や沈黙の結果はdisaster（大失敗・大醜態）につながります。

以上のようなホスピタリティ・マインドに基づいた留意点を実践することによって作り上げられる人間関係は、相互理解、相互満足、相互利益を志向する、素直な、無駄のないコミュニケーションの成果なのです。こうした関係は一朝一夕には構築できません。ですから、人間関係を「作り上げる」ことを英語では時間と手間がかかるという意味合いで、build（建物のように築きあげる）と言っているのです。

正確で論理的なコミュニケーションの重要性

私たちは、よく「ご存知のように」（As you know…）と言って話を切り出すことがありますが、相手の方は「ご存知ではない」という観点に立つようにしましょう。実は、相手はそんなには「ご存知でない」のです。相手が知っているという先入観でコミュニケーションを図ると、言葉足らず、理解足らずに陥る可能性が高まります。

ですから、発言内容は場合によっては文書にするべきです。しかも、「言った」「言わない」で相手に誤解を与えて友好関係が損なわれるのはホスピタリティの精神に逆らうことにもなります。相手は何も知らないか、知っていても中途半端にしか知っていない、と判断したほうが良いのです。ですから、コミュニケーションは、丁寧にしっかりと〈念には念を入れて〉対応すべきなのです。

仕事を頼まれる時、「よろしくお願いします」とか「上手に（適当に）やってください」と言われることがありますが、これはいわゆる「丸投げ」と言われる手法で、無責任なやり方です。「適当にやってください」と言われてもどうやっていいのか見当もつきません。日本の文化は〈察しの文化〉として名高いのですが、勝手に推測したり、察していただいても困ります。

主張や行動にメリハリをつけましょう。「なぜならば（because…）」と理由や論理的根拠をはっきりさせましょう。日本は外国から because-less society（論理的根拠がない社会）と呼ばれているほど、理路整然としていない社会です。「感性」と「察し」の世界でもあります。二十一世紀を生きる人たちは論理の一貫性を尊重しましょう。筋を通してわかりやすく意思表示や主張をしましょう。

人間嫌い的な（misanthropic）言動を慎みましょう。友人を作り続ける努力を実践しましょう。「バドワイザー」で有名なアメリカのビール会社「アンホイザー・ブッシュ社」は「私たちの会社の仕事はビール愛飲者の皆さんが、もっともっとたくさんの友人作りができるようお手伝いすることです」と訴え続けています。この言動はホスピタリティ・マインドの発揚に大きく貢献しています。

気軽に語りかけましょう。いつでもいいことをしたいというこころの動きを具体的に表現しましょう。困っている人がいたら、ためらうことなく、「お手伝いしましょうか」（May I help you?）そして、いいことをしていただいたら即、「ありがとう」（Thank you.）を言いましょう。第二章でも触れましたが、欧米人はいいことをしてあげて「ありがとう」と言われることを生きがいにして生活しているのだと聞きます。だから、「きのうは何回 Thank you. と言われましたか？」という質問が通用するのです。

信頼や信用を相手から取り付けるには「ウソ」をついてはなりません。一度でもウソをつくと、次から次へとウソをつかなければならないことになります。また、約束を破ってはなりません。質問されたら必ず答えましょう。レスポンス（応答）を励行することで人間関係は円滑化されます。そして、言っているだけでは効果は期待できません。即実行しなければなりません。何事もGive it a try.（やってみなはれ！）がスタートです。

コミュニケーションは正確でなければなりません。正確性を期する気持ちがホスピタリティ・マインドです。間違ったインプットからは間違ったアウトプットしか生まれません。良質のインプットを心がけましょう。そして、コミュニケーションに関わる言動にエラーがあったり、ミステークがあったりしては積み重ねた努力も水の泡となりかねません。ですから、初めから最後まで「ノーエラー、ノーミステーク」を志向しましょう。

お詫び上手になろう

どんなに世の中のタガが外れているか、次の例をお読みいただければ、よくわかっていただけると思います。このエピソードから何をどうすればいいかを拾い出して、〈こころ〉のルールに加えてください。

新聞は世の中の推移に合わせて「特集」を組みます。これはニュースや専門領域の報道ではありませんので、広告局の仕事です。しかし、いくら広告特集といっても、そこには記事が入ります。記事が導入の役割を果たして広告が掲載されるのです。記事は重要な旗印となりますから、おざなりにはできません。ところが、日本を代表する有力紙のひとつで、（その大事な記事の中に）人名の誤記が三カ所もあったのです。新聞とて商品です。品質管理を怠ったら価値がなくなります。

品質管理を英語でＱＣ（Quality Control）と言いますが、これまではこの分野で、日本の企業が一大優位性を誇っていたものです。今後のためと思い、また注意を喚起する意味で、その新聞社の広告局長に読者のひとりとして、この誤記を指摘する手紙を書きました。局長自身からの返事はありませんでしたが、担当の方からお詫びの親書が届きました。そこには次のように書かれていました。

〈概要〉
「私がこの記事を担当しました。今回の誤りは私の校正ミスです。関係の皆様に対して申し訳なく思っております。文章を生業《なりわい》としている者として、名前表記の確認は基本であり、それを怠ったことを大いに反省しております。関係先の皆様には取り急ぎ謝罪いたしました」

しかし、これだけでは終わらなかったのです。この親書はA４サイズでしたが、詫びてきたこの方はサイズの合わない小さい封筒を使ってしまったのです。A４の紙を三つ折にするときれいに入りません。そこで、この方はもう一度折って収容できるようにしました。その結果はお察しの通りです。受け取った人はこの手紙を開けてみると、シワシワであることを発見します。何と粗っぽい扱いをする方だろうと思います。これではお詫びの真意は激減します。まだあるのです。封筒の宛名書きです。机の上にたまたまあったと思われる太字のサインペンで宛名を書いたようです。その場にふさわしくない太さです。さらに、封筒の下の位置に社名が印刷されていたのですが、そこに彼は、自分の所属部署名と氏名をその太いペンで書いたのです。太いペンで細い字を書くのは容易ではありません。彼は頓着なく書いたようですが、筆者はその字が読めませんでした。

お詫びの手紙は、日常のカジュアルなメモではないのです。今回は特に、新聞社が大事な読者にお詫びを入れている親書なのです。丁寧に、言葉や形式にも気を配って、非礼にならないように書くのが当たり前のものです。しかし、実際にはこんな体《てい》たらくなのです。この新聞社の企業文化レベルは高いと目されているようですから、「他は推して知るべし」です。これほどの油断や無礼やひとりよがりが日常茶飯に行なわれているのかと疑ってしまいます。

アメリカ人に成功するビジネスパーソンの基本条件は何かと問うと、meticulous（メティキュラス）という単語が即座に出てきます。これは「非常に注意深い」「几帳面な」「細部まで正確な」という意味です。油断したり、スキを見せたり、面倒くさがったりしないということです。この精神こそ、「ホスピタリティ・マインド」を育てる土壌を構成する肥やしなのです。ホスピタリティのこころは健全なマインドによってメティキュラスに行なわれなければ、その効果は「親切な」おもてなしどころか、「余計な」お世話や「無用の」おせっかいに変わって〈逆の効果〉を招いてしまうこともあるのです。

「挨拶」で自分を変える、相手を変える

マナーやエチケットの遵守《じゅんしゅ》は当然のこととみなされていますが、実際には何もできていないのが現状です。周りを見ても、「筆不精」「お礼不精」「挨拶不精」が蔓延《まんえん》していて驚かされます。しかも、恥ずかしげもなく「私は筆不精ですので……」と言い放つ人もいます。不精は「怠惰」のことであり、恥じるべきことなのです。

講演等で高等学校を訪れる機会が多いのですが、どちらにうかがっても廊下や壁に「挨拶励行」という類《たぐい》の標語が見られます。それほどまでに挨拶のない世の中になってしまったのかと驚きます。しかし、なぜ挨拶が大切なのか、説明がありません。説明など必要はないという方もおられるでしょうが、わかりきったことでもはっきりと説明しておいたほうが効果的です。

例えば、「挨拶とは、私はあなたの友だちですから危害を加えるようなことはありません、私はあなたの味方です、といった気持ちを表現するもの」で十分なのです。こういう説明を「筋が通っている」と言うのです。「人と人とのコミュニケーションを大切にするためのもの」

よりは説得力があります。相手が挨拶をしなければ、こちらから仕掛けましょう。それでも応答がなければ、その相手はあなたの「敵」なのだという結論になります。

もう少しはっきり言うと、挨拶とは単なる社交的な「声のかけ合い」ではなくて、人間相互のコミュニケーション（心の行《ゆ》き交《か》い）を深めるための対話の〈導入部〉です。それによって、交流をいっそう深めようという行為につながる働きをするものです。挨拶が励行されていない私たちの周囲を見るにつけ、人間関係への悪影響を想像して愕然とせざるを得ません。

分別のない行動を放置しない

外国人の多い会員制のクラブで起きたことです。週末には多くの会員が家族を連れて食事においでになります。そこには会員のための一定の行動基準があります。多くの方々がリラックスして静かに食事を楽しんでいるのに、時には子供さんたちが騒いで大声を出したりしますが、これはいけません。行動基準（マニュアル）はそこに居合わせた皆さんの「快適さ」を保証するためのルールなのです。それに違反すると、次のようなお叱りが会員に届きます。

こんな時に改めてホスピタリティ・マインドの大事さを知らされるのです。
May I remind each of you that a Paragraph 6-1 (Section Six) of By-law states that members are responsible for the conduct of their children while in the Club.（[大意] 当クラブの規則第六条第一項には会員は当クラブ内での子供たちの行動について責任を負うべきものと記されていますので、ご留意いただきたくお願いします）
このようなクラブではバーへの子供の出入りは禁止されていることもあわせて常識として知っておかれると良いでしょう。こうした知識は「ホスピタリティ」のソフト（知識）部分です。よって、「知識は富の源泉」という名言が生きてくるのです。健全な知識に裏打ちされて有効に生かされたホスピタリティ・マインドは「快感・快適・満足」という富を呼ぶのですから。
繰り返しになりますが、マメな言動に徹することが肝要なのです。八方手をつくして、油断をしないことです。そして、相手にやる気を起こさせること、つまり、褒《ほ》める、励ます、いたわる、感謝するなどのこころの動きは、必ず相手から積極性や熱意などの「プラス要因」を引き出す力を発揮するものです。

むやみに話しかけたり、歩み寄ったりしてはなりません。「相手を見て法を説け」とよく言われるように、誰に対してコミュニケーションをとろうとしているのか、確認してから行動に移しましょう。相手は子供か、学生か、外国人か、主婦か、企業か、行政か、老人か、若者か、などをまず確認してください。これはaudience composition（聴衆の構成）と言って、有効なコミュニケーション実践の要《かなめ》であり、逆にこれを間違うとコミュニケーションの効果は著しく落ちてしまいます。

有効なコミュニケーションと自己の関係

あなたは自分のことをよく知っていますか。そして、コミュニケーションをとる相手のことをよく知っていますか。コミュニケーションを正確にとるにはお互いによく知っていることが前提となります。相手を知るには既存の情報チャネルと、持ち前の五感を大切に活用しましょう。それには情報収集をマメに行ない、「面倒くさい症候群」を排さなければなりません。コミュニケーション音痴や、デジタル・ディバイド（情報格差）ならぬ「コミュニケーション・ディバイド」にならないことです。

コミュニケーション上手になるための資質を取り上げてコミュニケーションの「ビタミンC」（すべて英語のCで始まるので）と呼ぶ人もいます。それらは決して難しいことではありません。次の通りです。

・能力があること（competence）
・思いやりがあること（compassion）
・理解力があること（comprehension）
・自信があること（confidence）
・共存意欲があること（coexistence）
・協働意識があること（cooperation）

加えて、互恵のマナー（reciprocity）を重視し、「イエス」「ノー」を明確にし、発信・受信のバランスを良くし、レスポンスを早くすることが大事です。また、「自分にやさしく、他人にきびしい」風潮を排除すれば、ほぼ完璧なコミュニケーションが取れるでしょう。

コミュニケーションの部品

私たちのコミュニケーション手段は、次のような「部品」で構成されています。
・ジェスチャー、表情
・視線（アイコンタクト）
・姿勢、歩き方、接触（触れ合い）
・空間、距離、時間
・服装（ドレスコード）
・話し方（音声の高低、速度、間、高ぶり、声量）
・笑い、微笑、笑顔、あいづち、うなずき

・情緒安定（落ち着き）
・沈黙、（無）反応
・チームワーク（団結力）
・リーダーシップ
・デザイン、色彩、装飾
・雰囲気（飲食時などの）
・雑音、騒音
・雄弁、涙、印象

これらの言葉や信号を前述のＴＰＯや５Ｗ１Ｈに的確に対応させて行なうコミュニケーションが、期待された通りの成果をあげるのです。

正確なコミュニケーションは生産性向上の基本です。一過性のコミュニケーションではなく、結果を持続させるために、「継続は力なり」を実践しなければなりません。そして、継続することで人間同士の理解と信頼が深められるのです。

言語コミュニケーション

言語コミュニケーションに関しては、次のような留意点が挙げられます。いずれも簡単に実行できることばかりです。

・相手の身になって丁寧に
・明るい調子、口調で
・やさしい言葉で、知的に
・説得力を発揮して
・下品になったり、荒々しくならないで
・誤解を極力避ける言語感覚で
・頻繁にメモを取って記録を残す
・誤字や脱字やミススペリングをしない
・専門語（業界用語、ジャーゴン）に詳しくなる

・文字はきれいに、読みやすく、丁寧に
・アフターケアとして手紙やメールをタイミングよく送る

これらはすべて当たり前の留意点です。やればできるものばかりです。

「ホウ・レン・ソウ」について考えてみましょう。実に軽い響きですから、軽んじられているきらいはあります。しかし、これは間違いなく、人間行動の基本中の基本です。大学生に「ホウ・レン・ソウを知っていますか?」と質問しますと、「聞いたことがあります。中学の時に先生から教わったような気がします」程度の返事は返ってきます。しかし、これが「報告」「連絡」「相談」のことだと説明すると、「なーんだ」という反応です。ならば、実際に「ホウ・レン・ソウ」を知らなくても、「報告」「連絡」「相談」をやっているかと問えば、はっきりした返事がないのが普通です。知らないのは「怠惰」な生徒が悪いのでしょうか、それとも教える側に問題があるのでしょうか。おそらく、日本全体が、物事や考え方にしっかりした論理的定義や理由付けがなく、曖昧《あいまい》にしているからです。

例えば、企業等の応接室の絵画が少々傾いています。少しくらい大丈夫と軽くみてはいけません。お客様の中には細かい、鋭い感性を持った方が必ずおられます。おそらく、その方の反応は「この会社は大まかだな」ということになるでしょう。「このような会社に大事な仕事を任せていいものだろうか」とまで思ってしまいます。ひとりでは何もできませんから、持ち場相互間の「ホウ・レン・ソウ」を密にしてノーエラー、ノーミステークを目指すことが相手を慮《おもんぱか》ったホスピタリティ・マインドの実践なのです。このようなこころの動きが、前にも述べましたが、meticulous です。「非常に注意深い」「几帳面な」「細部に気を配った」という意味でしたね。最近では日本でも、「メティキュラス」でないと出世はできないとまで言われています。

ホスピタリティと「言葉」

「言葉」は魔物です。時には、明るいものを暗くします。軽いものを重くします。例えば、医療の現場では、言葉ひとつでもっと生きられる患者を死に追いやることもあります。もちろん、その逆もあります。言葉はホスピタリティ・マインドの発露には欠かせない原動力として働きます。誠意のこもった、的を射た、折り目正しい言葉によりホスピタリティ・マインドは計り知れない効果を発揮します。そこには快感さえあります。

言葉には形が、そして中身があります。どちらも大事です。こんな例があります。外国の日本贔屓《びいき》の友人に「日本の英字新聞には日本の記事がたくさん載っています。最近のものをお送りしましたのでお楽しみください」と手紙を添付して新聞を送りました。すると、お礼の返事が来ました。そこには「ニュースをお送りくださってありがとう」とありました。筆者は「新聞」と書き、相手は「ニュース」と書いてきました。「新聞」は形、「ニュース」は中身（コンテンツ）です。このように言葉の解釈により、こころとこころの伝わり方も影響を受けるのです。

相手を図らずも怒らせてしまうことがあります。アメリカ人との関わりで起きた誤解の例をお話ししましょう。商談が難航していました。ワーキング・ランチョンという言葉がありります。ビジネスの会議を継続しながらランチを取ることです。隣の部屋にはローストビーフ・サンドイッチなどが用意されていて、いつでも食べられるように準備はできていました。筆者は、ワーキング・ランチョンにお誘いするつもりで、相手の一行に対して、「あなた方のお帰りのフライトは何時でしたか?」と尋ねてしまいました。これが相手の逆鱗《げきりん》にふれてしまったのです。帰りの時間を聞いたのは、「早く帰れ」の婉曲表現ととられたのです。筆者の言葉を耳にするやいなや、相手の一行はそれぞれがアタッシェケースを手にして帰ろうとするのです。当惑した筆者は相手をなだめるのに大変な苦労をしたことを昨日のことのように思い出します。

お詫びの言葉があります。丁寧に書かなければなりません。敬語も正しく、こころを込めて、隙間のない言葉遣いで、相手のこころを傷つけないようお伝えしなければなりません。謙譲のこころ、おもてなしのこころやしぐさ、お礼や挨拶が大事にされた時代には、お詫びの言葉も洗練されていました。そこにはみずみずしい〈こころ〉がありました。ところが時代が移り、今日のようなカサカサした社会では、そのような誠意のこもった謙譲の〈こころ〉がうまく表現されにくくなってしまいました。そのために、お詫びをすればするほど相手を怒らせてしまうという悪循環が発生することがあります。「その言葉遣いは何だ」と反発を受けてしまうこともあります。言葉の使い方もホスピタリティ・マインドの動き方次第なのです。

医師の言葉とホスピタリティ

医師の言葉も考えてみたい領域です。しかも、実に重要なテーマです。医師の言葉は常に重い意味を持ちます。患者は担当医師の言葉次第でこころが揺れます。言葉がきつければ、それなりの影響を受けます。温かければ、その温かい〈こころ〉が身にしみます。荒々しい言葉を投げつけられると、絶望感を覚えます。もしかすると、もっと生きられる患者も言葉次第で駄目になってしまうかもしれません。病人を救う言葉をすべての医師は身につけていただきたいと思います。

アメリカの病院には医師が用いる言葉の「マニュアル」があると聞きます。それは門外不出の㊙資料だそうです。実際、それが事実であることを、かつてのアメリカでの体験から知りました。

アメリカで長男が生まれました。そして、小児科の女医を知人に紹介されて主治医として助けていただいた時のことです。ある夜、子供が発熱しました。主治医に電話をして、助けを求めました。「熱が出ているので、注射か何か手当ての方法があればよろしくお願いします」とワラをもつかむ思いで電話をしました。すると、主治医は「あわてないでください。今、お子さんは体内に入ったウイルスを排除しようと小さな力で懸命に戦っているのです。お子さんの力を信じてあげてください。今は、ベビー用アスピリンを一錠とグラス一杯の水を与えて、静かに見守ってあげてください」と言うのです。別の機会に同じような状況に遭遇した時も、別の医師からほとんど同じような表現のアドバイスをいただきました。

こうした体験から、アメリカの医師は言葉の訓練を受けているのだということを実感しました。日本の状況はどうなっているのでしょうか。

非言語コミュニケーション

コミュニケーションと言うと、私たちはまず「言語」を想起しますが、私たちのコミュニケーションは言語が35%、非言語が65%で構成されていると言われています。つまり、しぐさなどの非言語のほうが、言語より雄弁であり、相手に対して伝達力があるということです。しかし、「非言語」には大きな力がある一方で、その多用には注意が必要です。その主たる理由は「非言語」には〈曖昧性〉が付いて回るということです。曖昧さというのは伝達内容が誤解される可能性が高いということです。

例えば、ちょっとしたしぐさやうなずきが「了解」ととられたり、笑顔が「イエス」と解されたりするといったことなどです。ですから、非言語コミュニケーションには必ず「言語」でバックアップして、絡め合わせていくことが必要です。

良質で有効なコミュニケーションに不可欠なもの

ぼそぼそと、メリハリもなく話をされると「不安」を感じます。コミュニケーションは相手に理解を求めて、しかるべき行動をとらせることで目的が完結します。コミュニケーションをとる時の「熱意」は良質で有効なコミュニケーションのカギとなります。次に挙げるような熱意がほとばしり出ていなければ、相手は耳を貸そうともしないし、期待する行動などとってくれません。その熱意とは、次の五項目です。

(1)話そうという熱意
(2)知ってもらおうという熱意
(3)聞いてもらおうという熱意
(4)理解してもらおうという熱意
(5)行動してもらおうという熱意

以上の熱意の発露を、例として次の手紙から読み取ってください。実際、そう簡単に書けるものではありませんが、何かいいことをしてもらったら、間髪をいれず褒《ほ》めましょう。この例は得意先の責任者から協力会社の担当者に届いた手紙です。

All of us at XYZ（得意先社名）appreciate that the leadership and great contribution you have provided to our brand during the startup of our company in Japan. Also, your

friendship, personal commitment and outstanding service to our company is deeply appreciated and valued.（[大意] 日本における当社の操業開始時にいただきました貴殿のリーダーシップとご貢献に感謝いたします。また、当社に対する貴殿の友情、ひたむきな責任感、そして、優れた仕事ぶりに深い感謝と敬意を表します）
ここには appreciate（感謝する）という表現が二度も使われています。時にはこのようなこころを公に表わす手紙の一枚くらいは書いてみたいと思われませんか。これこそホスピタリティ・マインドのなせるワザです。

コミュニケーション上手になる秘訣とは

「コミュニケーション上手な人」はどこへ行っても好かれる存在です。英語圏でも good communicator と称される〈名誉な〉存在です。「アイディアや感情を相手に明快に伝えることのできる人」と外国の辞書には定義されていますが、それだけでは十分ではありません。

ときに辞書は世の中の現象についていけなくなっています。さて、そこで「グッド・コミュニケーター」とはどう定義しますか。さしずめ「話のわかる人」「相手として不足のない人」といったところでしょう。以下に、「グッド・コミュニケーター」の資格要件を、八つ挙げます。

(1)有能であること（capability）
(2)相手に対する思いやりがあること（compassion）
(3)理解力があること（understanding）
(4)自信があること。あやふやな態度を取らないこと（confidence）
(5) win-win の共存を志向すること（co-existence, reciprocity）
(6)指導者精神があること（leadership）
(7)協働精神があること（collaboration, partnership）
(8)礼節を尊ぶこと（courtesy）

次に「コミュニケーション下手」にならないための留意点を挙げます。
(1)むやみに人の名前を引用しない。好き嫌いが絡んだり、利害が相反したり、良かれと思ってやったことが「逆効果」を招きかねない
(2)話題を独占しない
(3)(一方的に)話しすぎない
(4)注意力を集中して相手の話に耳を傾ける
(5)なるべく丁寧に質問する
(6)アイコンタクトもほどほどに(いやだと言われることもある)
(7)マナー、エチケットに気を配る
(8)好奇心をむき出しにしない(探られるのは誰でもいやがる)
(9)ジョークや駄洒落《だじゃれ》はよく吟味して、下品にならないように
(10)男性はレディーファーストをいつも念頭に
(11)事前の準備をおろそかにしない

⑿笑顔を絶やさない（時々自分の表情を鏡に映してチェックする）
⒀大事だと判断したらメモを取る（相手が安心する）
⒁ウソをつかない。約束はきちんと守る
⒂相手の長所を素早く見つけて褒める
⒃共通の利害を認める
⒄自己紹介の材料を常時用意しておく（時には家族の写真も効果的）
⒅身だしなみに神経を使う
⒆言葉遣いは明快に、丁寧に
⒇お詫び上手になる
(21)話材を豊富にストックしておいて会話を楽しく進める（知識は富の源泉）
(22)役に立ちそうな資料や情報をマメに集めて用意し、提供する
(23)不注意等を指摘されて叱られないようにする
(24)他人の領域を侵さない
(25)一筆でもお礼の挨拶を（極力マメに。忘れたり、先送りしたりしない）

私たちは日常のコミュニケーションで大なり小なりの「誤り」を数限りなくおかしています。それらの再発をなるべく防ぐための〈教訓〉を大事にしなければなりません。二つの教訓をご紹介しましょう。

「言わなければ、書かなければ、話さなければ、そして聞かせてあげなければ、そして、目と目を合わせて、手と手を握らなければ、相手の〈こころ〉はわからないし、相手もわかってくれない。沈黙はもはや『金』ではないのである」

「ホスピタリティは強制すべきものではない。素直な〈こころ〉である。むやみに催促したり、期待したりすべきものではない。自然にさりげなく湧き出てくるまともな人間の〈こころ〉であり、その具現化を促すのがホスピタリティ・マインドである。しかし、少しでもそのバランスを崩すと『余計なお世話、おせっかい』と化してしまう」

ホスピタリティと笑い

ホスピタリティ・コミュニケーションにおいて、重要な要素のひとつであるユーモアについて考えてみたいと思います。上手なコミュニケーションにはジョークやきわめて日本的ですが、駄洒落《だじゃれ》などの笑いを補う要素が必要です。

ジョークも駄洒落も、「笑い」の源泉であることは同じです。人と人との関係を滑《なめ》らかにするには、「笑い」が何にも勝る特効薬です。しかしながら、いかに考え抜かれて、面白いと思われるジョークや駄洒落でも、5W1Hを間違えると効き目はなくなり、かえって迷惑なことになりかねません。「笑いハラスメント」は日常起こりがちなだけに要注意です。そういうことにならないように、ジョークや駄洒落には良質、上品さを心がけましょう。洒落《しゃれ》ていて、しかも時宜を得れば快感を呼びます。緊張していた雰囲気が和《なご》み、沈んだ空気が軽くなります。しかめっ面《つら》が微笑みに変わります。こんな効果のあるジョークや駄洒落を、臨機応変に使いこなしたいものです。その導火線となるのがホスピタリティ・マインドです。

ジョークや駄洒落やユーモアとは、いわば相手の〈こころ〉にご馳走をする行為です。ジョークは瞬間的な性質を持っていますので、なかなか作りだめしておくのが難しいのです。多くの場合、それは即興で飛び出してきます。しかし、ジョークや駄洒落が巧妙に言える人というのは、普段から、笑いがどのようにして導き出されてくるのか意識しているものです。これこそ、ホスピタリティ・マインドの働きです。ダメモト精神で、取っておきのジョークや駄洒落を一つや二つ、いつも使えるように準備しておきましょう（とは言っても、「ふとんが吹っ飛んだ」程度では落第ですが）。

ジョークや駄洒落を言う時には、当然ながらそれらを受けて笑う人が必要です。もし、あなたが聞き手の立場に立っていたら、大事なことは「笑い上手」であることです。相手のジョークや駄洒落に対して、素直に笑いで反応するワザは大切です。ジョークや駄洒落上手も能力ですが、この「受け上手」「笑い上手」はもっと大切な能力です。大事なお客様が精一杯のジョークを飛ばしたら、理解、そして共感、共鳴に努めましょう。必ず、「好印象」を持っていただけます。笑いは最高のご馳走であり、おもてなしなのです。

注意すべきは、サービスを提供する側に立った時です。むやみやたらにジョークを飛ばしたり、笑いをことさら演出することは控えるべきです。「駄洒落」には上品さ、下品さがはっきりと出ますから、極力慎重にならなければなりません。ここでも5W1Hへの配慮が求められるのです。相手を怒らせてしまった駄洒落の例は数え切れないほどあります。見えすいたお世辞やセクシャル・ハラスメント（セクハラ）、パワー・ハラスメント（パワハラ）にならないよう十分気をつけましょう。

快い笑いを誘うメッセージとしてよくできた上質の事例をひとつご紹介しましょう。ニューヨーク五番街の老舗《しにせ》「ティファニー」のショーウインドーにあった短い宣伝文です。ニューヨークが水不足の時のことです。水は大事です。節水しなければなりません。しかし、そんな折、この店のショーウインドーに小さな水車が置かれて、飾ってある宝石にかなりの水をかけていました。そのおかげで宝石は水に濡れて美しく輝いていました。そして、そこには、次のようなコピーがきれいな飾り文字で光っていたのです。

This is not the most valuable NY water but the cheapest gin.（［大意］この水は貴重なニューヨークの水ではありません。最も安いジンです）

ショーウインドーを見て、どうしてこの店は大事な水を無駄にしているのだろう、といぶかしむ人も、このコピーを読むと、ニコリと笑顔になるのです。知恵ですね。賢さがそこにあります。5W1Hの条件を満たしています。こういう文章に触れると生きている喜びを感じます。

インターネット時代のホスピタリティ・マインド

変換ミスは恥、粗っぽい言葉は命取り

Eメール時代の到来です。大量のメールの波に時には足を取られます。それに、インターネットで入手した資料の山です。それらにすっかり足を取られてしまって身動きできなくなっている方々もおられるだろうと思います。そんな時にはいったん立ち止まり、「思考」することです。そして、いったい何が重要で、何が最適の方法なのかを熟慮して決めることが大事です。

確かにインターネットは便利ですが、そこに上質の「信用性」と「便益性」が存在するか

どうかを必ずチェックしてください。インターネットの情報は玉石混淆《ぎょくせきこんこう》です。高度のメディア・リテラシー（情報を識別する能力）が必要です。ゴミのインプットは、そのままゴミのアウトプットになることを忘れないでください。

メールの文章は口語体で、肩肘張らずに、率直に素直に書きましょう。場合によっては、（上質な）ジョークを交えてもいいでしょう。そして、当たり前ですが、「変換ミス」に気をつけて、マナーも心得て失礼にならないように書きましょう。変換ミスは時により仕事上の（もちろん、個人のメールでも）重大な結果を招きかねません。読者の皆さんも変換ミスで穴があったら入りたいような気持ちになったことが一度ならずあることでしょう。時にはそれが、その人の人格や品位に関わってきます。何としても避けたいことです。そのためには、書いた文章を必ず一度「読み直す」こと。書いて〈即〉送らないことです。

メールは冗長になりがちです。なるべく短く、正確に、相手を立てて、品性を保つよう心がけましょう。受け取った相手に乱暴さや投げやりな態度や粗っぽさを感じさせるようなメールは、むしろ「害」をなすことになります。

受けたメールには、「即刻」返事をしましょう。アクションを求められたら、すぐやりましょう。そして、間違ったら、間髪をいれずに修正の手を打ちましょう。こうすることによってのみ、ノーエラー、ノーミステークを期することができます。

Eメールで求められるホスピタリティの要素八項目

(1)相手の身になって書く（いたわりや親切心が沸いてくる）
(2)明るい表現を心がける。読んでくれた相手の笑顔を頭に浮かべながら書く。「笑う門には福来《きた》る」というように、笑顔は幸せを呼んでくれる
(3)メールの中身に論理性をしっかり構築する。これは相手を説得するのに大事なポイントのひとつ
(4)相手にスキを見せるようなことがないように。あくまでも賢く、利口なメッセージを発信すること
(5)難解な表現を極力避けて、明快に書く。誤解が最小限に抑えられるような文体を使う。言葉遣いや数字の表記に細心の注意を払う

(6)正確に書く。誤字や脱字やミススペリングを極力避ける。さもないと相手の不信感をかうことになる
(7)形容詞や副詞の多用を排して「簡潔に」記述する。特に金額、日付、要件などは簡潔に正確に記す
(8)礼を欠かさない。礼儀正しい言葉遣いや論理構築を支えるのはまさにホスピタリティの〈こころ〉である。なによりもメールを送った人も、受け取った相手も「心地よい気持ち」になることが大切

効果的にEメールを使おう

最近では大学の教室に、外国人学生の姿を見るのは珍しいことではなくなりました。言うまでもなく、教師と学生を結ぶコミュニケーションは重要ですが、なかでもEメールは便利な意思伝達手段です。

ある時、学生がメールアドレスを教えてくださいと言うので知らせました。ついでですから、クラス全員にも知らせます。すると、徐々にメールが届き始めますが、発信者のほとん

どが外国人学生からなのです。日本人学生からのメールはほとんどありません。外国人学生は「今日はとても面白い講義をありがとうございました。ひとつ質問があるのですが……」と言ってきます。自分の「売り込み」をしてくる者もいます。日本人学生に「あなた方はどうしてメールをよこさないのか」と尋ねると、「何を書いていいのかわからない」と言うのです。そこで、「外国人学生はまず講義のお礼で始め、質問をしてきたり、売り込みをする者もいるよ」と言いますと、日本人学生は「そんな内容のメールでいいのですか！」と言ってびっくりするのですが、私のほうがびっくりです。彼らは、お礼や挨拶は立派なコミュニケーションだということを認識していないのです。お礼や挨拶はコミュニケーションの基本であり、ホスピタリティ以前のことですが、それもできない学生が多いのは本当に残念なことです。

英語でメールを書く

タテの日本語をヨコにすればよいというような簡単なことではありません。そこには用意周到な心遣いやいたわりのこころが動かなければなりません。もしかすると、私たちは不十分な英語力で、相手の外国人を、誤解させたり、困らせたり、混乱させたりして、大いに不安がらせているのかもしれません。例えば、単語や語句を全部大文字にすることは、強調して「叫んでいる」と相手に映るそうです。こちらは重要だと思って下線を引いたりすると、「うるさい」「しつこい」という印象を与えるようです。「理不尽な人物ではない。敬意を表して対応すべし」という基本姿勢をとることが大切です。そして、繰り返して言っていますが、厳格な「校正」が必要です。
さりげないメールで次のような「お礼」のメッセージが書けるといいですね。もらった方は疲れが吹き飛んでしまいます。それもこれも、ホスピタリティの〈こころ〉を動かすマインドが生きているから書けるのです。

This is just a brief note to thank you for the wonderful dinner the other night. The food was terrific. The drinks were wonderful. So was the company. The photo looks great. （［大意］先日の夕食会はすばらしかったです。ありがとうございました。食べ物も、飲み物も、ご一緒した方々みなさんもすばらしく、お送りいただいた写真もグレートでした）

Eメールとインターネットのマナーと信用度

メールにはたくさんの資料や情報やメッセージを添えて送信することができます。しかし、だからといって相手のことを考えないで、膨大な量のデータや大きなサイズの画像ファイルなどを添付して送ると、受け取る側が迷惑をするということを忘れてはなりません。

受け手と送り手の関係がギクシャクしたら、関わり合いを停止するのが賢明です。続ける必要はありません。人というのはいろいろと変わったものについての好奇心を燃やしがちです。相手をよく注意して観察しましょう。

正式なお詫びやお礼や頼みごとなど、「丁寧さ」が命のメッセージをメールで発信しなければならない際は慎重にやりましょう。手紙ではなく、メールで簡略に、カジュアルにお届けして適切であるかどうかについて十分検討してください。コツは相手の立場に自分を置き換えて考えることです。

ある大手通信機メーカーの幹部から聞いた話です。昼間は会議やオフィスなどであまり発言もしないし、レポートもマメに出さない社員が、帰宅してからは一変して長いレポートやメールを頻繁に発信するというのです。人というのは本当にわからないものです。一日のうちに思考や感性の流れが揺れるのです。よほどの抑止力がなければバランスを崩します。コミュニケーションにおける情緒の不安定さは要注意です。このような時に重要なことは、「自分を知り、さらに相手をよく知る」ということです。双方向交信の完結こそがとても大切なのです。

なんでもインターネットで間に合わせるという人は「依存症」に注意しましょう。また、インターネットで入手できる情報を完全に信じきっている人がいます。危険です。情報源について、誰が書いたのか、どういう組織や機関が作ったのかなどをよく調べて、「信用度」(credibility) を確かめましょう。

ある女子大で「駄洒落」について調べるようにと宿題を出しました。多くの学生がインターネットで解答を探ったのでしょう。大方の学生が雑誌『アエラ』の駄洒落コピーを書いてきました（例「意外な贈り物で、びっくりすます」（二〇〇四年十二月二五日号））。なんでもかんでもこうなったら、どんな社会になりますか。想像してみてください。

便利さがすべてよしではないのです。不便と取り組み、苦労をして、いろいろな選択肢の中からベストを選び出す、対応する相手の気持ちを察する、そして最低のリスクと最高の効率を狙うというのが人の知性と賢さです。ホスピタリティ・マインドは結果ではなくて、目的の達成・成就に役立つ〈こころ〉の動きなのです。

患者様から教えていただいたホスピタリティ

医療法人 大宮林医院 副院長（医学博士）
林　正敏

毎年わが家に届く年賀状と暑中見舞い。そこには目を輝かせた二十数名の子どもたちの笑顔があふれています。送り主は小学校の女性教諭。私が研修医一年目に受け持たせていただいた患者様です。その方は八人部屋に入院されていました。同室の方は婦人科系の「がん」を患った方々です。しかし、そのお部屋には不思議と暗さはなく、笑い声もよく耳にしました。お一人おひとりがご自分の病気と向き合い、闘い、前向きに過ごされていました。つらい抗がん剤の点滴治療中の方は、回を重ねるごとに点滴をとることが難しくなってきます。私が一回で成功しない場合でも、「私、血管細いから」とさりげない心遣いをしてくださいました。

朝からの長時間の手術を終え、消灯間際にお部屋にうかがった時も、「先生お腹空いてるんじゃないですか」と逆に私の体を心配してくださる方々でした。

大変な病気と闘いながらも相手の気持ちを察し、周囲への心配りを怠らないお姿に真のホスピタリティを学んだ気がします。自分を顧みても、反対の立場であった時に、果たして同じような行動がとれるかどうか、正直、自信はありません。その当時、同室で入院生活を共にされたお仲間が今でも年に一回、楽しいひとときを過ごされているそうです。

日々の診療の中で、患者様からパワーをいただくことがたくさんあります。私にとっての素敵な出会いから十年以上の月日が経ち、今年もまた子どもたちの笑顔のつまった年賀状が届きました。毎年担当されるクラスは違えど、子どもたちの楽しそうな表情はいつも一緒です。こんな時代だからこそ、わが子を安心してお任せできるこの先生のような方が一人でも多くいてくだされば……と思います。

第五章 ホスピタリティ・マインドを組織として生かすには

社会貢献的マインド

最近、企業ではCSR（Corporate Social Responsibility 企業の社会的責任）論がにぎやかです。まるでCSRを語れないと、人ではないような状況です。これは、言い方を変えれば、企業にもホスピタリティ・マインドが求められているということでもあります。企業が社会に対して責任を持ち、それを果たさねばならないのは当然のことですから、「何を今さら」という感じがしますが、現実は憂慮すべき状況なのです。近ごろの企業には、不正、スキャンダル、粉飾、無礼、危険……といった悪い印象がまとわりついています。この背景にはホスピタリティ・マインドの欠如があると言わざるをえません。

こうした中で、サービス産業の代表格であるホテル業が、ホスピタリティ推進運動やホスピタリティ・マインドの実践を始めたのです。そして今や、ホスピタリティ推進の機運は、他の業界、例えば、医療、福祉、美容、教育、流通、行政、金融、運輸、情報通信など、多様な業界に広がりを見せています。大学やビジネス専門学校でも、本格的にカリキュラムに「ホスピタリティ論」を導入する傾向が顕在化してきました。企業内に「ホスピタリティ研究会」をスタートさせたところもあります。企業や団体が、ホスピタリティ・マインドに基づく社会への貢献に真剣に取り組む時期が到来したのです。

企業の信条や、社員の心得、また顧客に対するサービス精神の活性化などを「クレド」(credo) と呼ばれる宣誓書のような文書に書き表わして、その実行の徹底を図る企業も増えてきました。しかし、「クレド」を作成してから長い時間がたっても、それほど効果は現れないことが多いようです。現場で働く人たちに、「クレド」に基づいて実際どう行動したらよいのかが伝わっていないことが原因のようです。筆者が時々講演をする企業や学校でも、よく「ホスピタリティって何ですか?」という質問があがります。そんな時は、例を挙げて、実際の行動を示しながらホスピタリティ・マインドを理解してもらい、その実践を訴えるようにしています。以下に、一例として、あるホテルでのホスピタリティ研修の一部をご紹介しましょう。

ホテルでのホスピタリティ研修

まず、最初に「ホスピタリティとは『ありがとう』と言ってもらうことを目指した言動である」と説明すると、よく理解してもらえます。ホスピタリティは「おせっかい」と紙一重であることも忘れずに付け足します。また、人の〈こころ〉を動かすには知識も必要であるということ。そして、その知識を身につけるには、以下の五つのことが大事だと言っています。

(1)何が足らないかを認識する
(2)常に創意工夫を心がける
(3)提案ができるようになる

(4)先入観を捨てて、ダメモト精神でチャレンジする
(5)非日常的なことを大切にする

一般的に、人間好きで人柄が良い方の周りに人は集まるものですが、時として「相性」の悪い場合もありますから、そんな時には、あまり深入りしないほうが良いと話します。

また、日ごろの心がけとしては、「マメになる」ことが第一、何ごともタイミングや「旬《しゅん》」を逃さず、億劫《おっくう》がらない、面倒くさがらないように、〈几帳面〉をモットーに、と訴えます。

それから、ホテルとして、いつもベスト・プレゼンテーションを心がけましょうと続け、例えば、以下の六つの心がけを強調します。

(1)部屋の備品は清潔を保ち、よく手入れをしておくこと
(2)メニューや館内情報などはわかりやすくすること。誤字・脱字やミススペリングに細心の注意を払うこと
(3)お客様の素性（身元）や立場を正確に知ること

(4)礼儀正しくすること
(5)無駄を省き、高能率を志向すること
(6)ノーエラー、ノーミステークに徹すること
さらに、行動上の留意点も五つ挙げます。
(1)話し上手、聞き上手になる
(2)エレベータ内や仕事場で無駄話をしない
(3)他人のうわさ話や企業情報を口にしない(壁に耳あり)
(4)知ったかぶりをしない
(5)人脈を大切にする
ホスピタリティとは、「明るいほうへ、明るいほうへと導いていくこと」と言うこともできます。それを、次のような言葉で表わしましょう。

(1)お手伝いしましょうか（May I help you?）
(2)ありがとうございます（Thank you.）
(3)お楽しみください（Please enjoy.）
(4)お体を大切に（Please take care.）
(5)お元気で（Have a nice day!）

すると、お客様から笑顔が返ってきます、自信もつきます、さらなる発信意欲にもつながります、と説得するのです。

これだけのことができるだけでも職場環境は必ず良くなります。考えているだけでは足りません。実践あるのみです。その中でもっとも大切なのは、「お客様から笑顔が返ってくる」というところです。笑顔をいただきましょう。「ありがとう」のひと言をもらいましょう。ホスピタリティ・マインドによって双方向の笑顔の信号交換が達成されるのです。

一般企業や団体でのホスピタリティ・マインド

企業や団体内でホスピタリティ・マインドの活性化を推進するには、まず、社員、構成員の意識再教育から始めることになりますが、単なる教育研修では足りません。半端ではいけません。徹底的な取り組みが必要です。

企業のような組織では、そこで働く人間の調和がまず求められます。人間が集ればお互い期待するものがあります。それらがマッチして調和が生まれるのです。具体的には、以下の三つです。

(1)上司が部下に求めるものと部下が上司に求めるもの。
(2)同僚同士で求め合うもの。
(3)外部の人が企業に求めるものと企業が外部の人に求めるもの。

そして、それぞれが調和しているかどうかを確認する必要があります。

理想をただ述べるだけでは、「空理空論」で、まったく役に立ちません。理想を実現させて、それなりの貢献を示さねばなりません。それにはこころが通う共感・共鳴を相互に感じ取り、「ラポール」(rapport)を形成させる必要があります。「ラポール」はフランス語で、相手との親密な共感的関係を意味する言葉です。「信頼感」と言ってもいいでしょう。「ラポール」は簡単に培われるものではありません。人間相互の理解と忍耐、互譲の精神、そして礼儀がなければ形成されないのです。そしてこの時こそ、ホスピタリティ・マインドの力が必要とされる時なのです。嫉妬や嫌悪、憎しみや敵意などは極力排除されなければならない時でもあります。

そもそも企業という組織は、利益を追求する利己的・自己愛的存在ですから、〈なりふりかまわず〉なところがあります。競合する要素が現れるとそれらを排除しようとします。そこで働く人たちにも、こうした〈こころ〉の持ちようが徹底されます。競合要素の排除は、職場や企業研修などでも厳しく指導されます。その結果、こころがコントロールされ、柔軟性や弾力性、応用力やゆとりなどが失われてしまうのです。ですから、「プロフェッショナル領域」と言われる「職業的な利益追求」とは別に、こころの鍛錬が必要になってきます。この鍛錬では「○○らしく」振る舞うことを目指します。ホスピタリティ・マインドを機能させて、会長なら会長らしく、部長なら部長らしく、秘書なら秘書らしく振る舞うことです。

人間というのは、もともと「脆弱《ぜいじゃく》」な存在です。褒《ほ》められればうれしいし、叱られるとしょぼくれ、励まされるとやる気になるという単純な生き物なのです。だからこそ、「うれしくなる」「しょぼくれない」「やる気を起こす」環境が望まれるのです。それには、お互いがそういう気持ちになるような言葉を活発にかけ合う必要があります。

職場の人間は互いをよく観察しています。特に上下関係には敏感です。ですから、「○○らしく」しなければならないのです。例えば、部長は部下に対して、部長らしく振る舞わなければなりません。「あんな部長では……」と評価されるようでは、部下の信頼や共感・共鳴を得られるはずはありません。相手の立場に立って物事を判断し、真摯《しんし》にこころの内を伝え、言葉と行動によって部下の理解と信頼を勝ち取らなければなりません。こうした関係が打ち立てられれば、そこには充実感や満足感、開放感が生まれ、笑顔があふれる環境ができあがるのです。笑顔のある人間関係、これが理想の姿です。きわめて当たり前のことですが、この「笑顔」こそが、ホスピタリティ・マインドがきちんと機能したことの歴然とした証拠になるのです。

顧客満足（CS）

顧客満足という言葉はつとに有名になってしまいました。「お客様は神様です」も有名な言葉として定着しています。お客様、いわゆる「顧客」は神様であるから、「顧客」に商品やサービスを提供する者は、顧客にかしずかねばならない、とされてきました。顧客に不満や不快感を覚えさせたら、それなりのペナルティを覚悟せねばならないとまで言われてきました。これは明確な「主従」の関係です。

しかし、技術の発達により商品やサービスの質的向上と、人間の尊厳が認められて、主従同等・同一の時代が到来したと言われています。そこでは主従双方が相手を慮《おもんぱか》って、良質の心配りを実践し、相手の満足を引き出す努力が要請されるようになりました。どちらか一方が不満を述べ、不平を言うようであれば、同一、平等という「主従・主客」のバランスは崩れます。崩れた状況を立て直すには時間と労力が要ります。そこにはコストが発生し、相互利益という目標が達成できなくなります。それはまさに、ホスピタリティ・マインドの機能不全の状況です。このような状況に対応するには、日ごろから「相手の身になって物事を考え、相手に快感や満足感、安心感を覚えさせる」訓練を重ねておかなければなりません。

「相手の身になる」とは簡単に言えても、やさしいことではありません。人間というものは、さまざまなＴＰＯ（時、場所、場面）において「自己中心的」（egocentric）になりがちです。その傾向を抑制するためにも、ホスピタリティ・マインドは大きな役割を果たすことになります。ホスピタリティ・マインドが機能していれば、「主」は自信を持って、正直に、丁寧に「客人」「従者」に対応するはずです。また、「客人」や「従者」は「主」を信頼して、受けた商品やサービスの良さを享受するのです。ここには「主従・主客」の関係は存在しますが、双方向で、健全なコミュニケーションが創出されています。

そして、達成される成果は相互の補完作業から生み出され、容認や理解、信頼や幇助《ほうじょ》、発展や繁栄などとなるのです。企業が「主」としての責任と役割を果たすには、その「社会的責任」を明確に理解し、継続的に実践しなければなりません。さもなければ、「看板に偽りあり」

と非難されても仕方がありません。ですから、経営者はもちろん、そこで働く社員の責任は重いのです。

法令遵守《じゅんしゅ》（compliance コンプライアンス）

ルールやレギュレーション（規制）があれば、それらを遵守するのは当然のことです。しかしそれができない、あるいはできるのにしないのは当事者の怠慢でしかありません。「法令遵守」などという言葉が企業間に蔓延《まんえん》しているのは決して褒められることではありません。それは「偽装」「捏造《ねつぞう》」「裏切り」「冷酷」などで表現される現象が実際に多く存在していることの証拠でしかないからです。

こうした現象が暴かれると必ず、「知らなかった」「よく理解していなかった」などという〈言いわけ〉がメディアをにぎわします。「法令」は人間社会の円滑な運営に寄与するために作られるものです。言い換えれば、人間同士が快感や満足感、調和や協調の雰囲気で生きられる環境を保障する手段です。ですから、「法令」は生かさねばなりません。生かすのは人間です。そこには、ホスピタリティ・マインドがなければなりません。ごみや危険物の不法投棄をはじめ、騒音や自然破壊、リコール隠しなどの各種スキャンダルへの対応といった、企業が果たさなければならない責任領域は広く、深いのです。「法令」を生かすべき人間にホスピタリティ・マインドが不在であったら、法令は「絵に書いた餅」でしかなく、社会は荒地に帰することになります。法令を生かすも殺すも人間の〈こころ〉にかかっているのです。

世界は変化し続けています。今日は単なる昨日の延長ではありません。明日は単なる今日の延長でもありません。それぞれの変化に対応して姿勢や態度、手法を変えていかねばなりません。バドワイザーで有名なビール会社「アンホイザー・ブッシュ社」のブッシュ会長はResent the known. Respect the unknown. と述べています。「既知のことについてはもう言及しなくてよい。大事なことはこれまでにわかっていないことである」という意味です。「今までのことはもういい。これからをどうするかが優先課題である」というわけです。これはまさに賢人の声です。そこには「ポジティブ思考」があります。

いまや企業は地域社会の環境保全に乗り出したり、教育活動を支援したり、介護や保健の領域で貢献しようとしていますが、それらは特定企業の利益誘導型行為であってはなりません。企業があげた利益を、地域社会の協力・協働に対して還元するという行為でなければなりません。したがって、企業がホスピタリティ・マインドを持ち、それを強化して社会に寄与するには、当然のことながら利益をあげなければならないのです。ホスピタリティ・マインドはこころのゆとりはもちろん、財的なゆとりがなければ机上の空論と化してしまうものであることを忘れてはなりません。

「クレド」と「マニュアル」について

アメリカのあるホテルの「クレド」(credo)が有名になって、ホスピタリティのバイブルのような存在になっています。そこには何が書かれているか、熟読、吟味してみましたか。もしあなたがホテル勤務の方なら、どんな印象を抱きましたか。学校で「社会」や「公民」を学び、経済学や法律、歴史学や倫理学などを学んで、基本的な知識や理解があれば、別に何も新しいことはなく、いわば当たり前のことであるということに気づくでしょう。人間関係とかコミュニケーションとか言われる領域は、難しい理論で議論を展開する「サイエンス」

とは違うのです。人間が快適に生きていくためのきわめて生理的な、本能的な要素が濃い領域なのです。「クレド」を作成することだけをもって多数の人間の言動を画一的に規制することは至難のワザです。ためしに、一流と言われるホテル宛に、何かしかるべき理由で手紙を書いてみてください。必ず、返事をしてくれるところと、返事なしのところとに分かれます。受け取った手紙に返事を出す行動はホスピタリティ・マインドの効果です。実に、「ホスピタリティ」は人によるのです。

それでも、「クレド」は必要です。「クレド」は一種の宣誓書ですから、己《おのれ》の言動の縛りとしての役割を演じるものです。言い換えれば、「ルール」であり、「レギュレーション」です。肝心なのは、「クレド」を作ったらきちんと活用するということです。「クレド」を〈コンセプト〉(概念)で止めないことです。コンセプトに動きを与えねばなりません。それにはまず、「クレド」の内容の基本的理解を徹底することです。そしてTPOや5W1Hを勘案しながら、とにかくやってみることが重要なのです。

例えば、「クレド」に「相手を名前でお呼びすること」と書かれているとします。しかし、名前で呼ばれることを嫌がる人もいます。「必ずしもそうではない」ことをいつも念頭におきましょう。さもないと、「なれなれしい」とか、「あつかましい」などと誤解されることもあります。お客様の名前を間違えてお呼びしたら、それはもう悲劇です。仕事ではいつもリスクを極小化することが肝要です。

「クレド」を作る時にはわかりやすく記述することです。「わかりやすさ」は相手との間に信頼を築きます。ところが、実際にはわかりにくいケースが多々あります。特に、「クレド」を外国のサービス産業から学び、そのまま日本語にしたために、明らかに翻訳調の日本語になっているケースです。「クレド」を作成する時には、自分たちの言葉を使わなければ、従業員を真に説得することなどできません。どこでもやっているからうちもやろう、という理由で「クレド」を作り、従業員に強制していては、効果があがりません。

「マニュアル」をよく読まないのは日本人のDNAのなせるところとも言えます。つい自己流で動いてしまうのです。企業に入ると、就業規則を渡されますが、隅から隅まで読み通して理解を取り付ける人はあまりいません。一九九九年に東海村の核燃料工場で放射能漏れの事故がありました。理由は処理をマニュアル通りにやらなかったことだとわかりました。私たちはマニュアルをよく読まないのです。読んでもその通りやらないのです。行政だって、「通

「達行政」と言われて文書の山ですが、いくら文書を作って配布しても、誰も読んでくれなければ、ただの紙くずです。

国内ばかりではありません。国際会議に出て、役員会に出る際に、議案の賛否が問われる場面がしばしばあります。出席者はかなり前にWorking Paperという「マニュアル」に似た「議事進行文書」を受け取っていますから、それをよく読んで会議に出席するのが当然です。ところが、日本からの代表者は会議に出席して初めて目を通すといった状態です。事前に読んでいないのです。そこには日本人特有の「面倒くさい症候群」が歴然と見えています。

「マニュアル」は読んで理解し、エラーやミステークをしないためのバイブルです。よく読んでください。読み抜いてください。そして、読んだ結果を踏まえて、実践し、貢献に務めることが大切です。これが、与えられた教訓の完全実行を促すカギなのです。「マニュアル」嫌いにならないでください。

「クレド」と「マニュアル」の共通点は、指導要領のようなものであるという点です。つまり、トップダウン的力を発揮させて、組織の構成員に実践させるようにしなければ、無用なものだということです。ですから、形も内容もおろそかにはできないのです。あらためて、読者の皆さんは周りを注意深く観察して、目についた「クレド」なり、「マニュアル」を点検してみてください。読みにくいもの、形が整っていないもの、中身がつまらないもの、身勝手なことが書かれているもの、等々にお気づきになることでしょう。そういうものは要らないのです。明快に、「してはならないこと」(don'ts) と「大いにやるべきこと」(do's) を文書化し、リズムの軽やかな、そらんじられるような文章で訴えればいいのです。そして、その組織の人間全体が、その内容をホスピタリティ・マインドで工夫しながら実行に移せば、事足りるものなのです。「ホスピタリティ」は上下の区別なしの、こころの「連帯」を意味するものであることを忘れてはなりません。

行政におけるホスピタリティ・マインド

行政で仕事をしている人たちを「公僕《こうぼく》」と呼びます。英語では public servant です。「一般大衆に奉仕《サービス》する人」ということです。サービスをするということは、人々の役に立たねばなりません。いいことをしなければなりません。サービスする相手の満足を引き出さねばなりません。行政が行なうサービスについても、当然のことながらホスピタリティ・マインドが必要なのです。

しかし、残念ながら「行政が行なうサービスは良くない」という定評が存在します。世の中は変わったといっても、行政の現状はまだまだの感がなきにしもあらずです。国がやっている郵政事業を民営化すると、民間と同じ競争の場に参入するのでサービスは改善されるだろうと思われています。実際、テスト期間の郵政事業は改善の兆しを見せています。大いに期待したいところです。

筆者の体験ですが、ある地方の郵便局で、航空書簡（エアログラム）を一枚買いました。九〇円でした。一枚の航空書簡を袋に入れてくれました。そして、窓口の女性は笑みを浮かべて、「ありがとうございました」と挨拶をしてくれました。私は、すがすがしい気分になりました。すると、周りからも「ありがとうございました」の声が聞こえてきました。思わず筆者も「ありがとうございました」が口から出てしまいました。お役所仕事が郵便局の窓口では変わりつつあるのです。

日本は、政治も経済も何もかもが巨大になりました。組織も個人も、大きいことはいいことだと言って、どんどん巨大化し、ふくれてしまいました。大きくなってしまったものを小さくするのは至難のワザです。しかも、大型化、巨大化につきものなのが、きめ細かさが失われる、丁寧さがなくなる、といった停滞現象です。人のこころだって粗っぽくなります。

実際に、大型化すると、次のような現象が蔓延します。

(1)情報の質が落ちる
(2)愛想がなくなる
(3)サービスに途切れが出てくる
(4)きめ細かさがなくなる
(5)やさしさや思いやりが欠けてくる
(6)しなやかさが欠けてくる
(7)反応が鈍くなる、粗っぽくなる
(8)行動の迅速さを失う
(9)ますます面倒、複雑になってくる

これらが例外なくホスピタリティ・マインドの芽を摘んでしまうのです。組織でも、個人でも、その環境や考え方が大きく、大まかになると、必ずひずみが出てきます。それが、人のこころの荒廃化に拍車をかけるのです。ある地方自治体の例をご紹介しましょう。誰かがやるだろうという日和見《ひよりみ》主義がそこにありました。

ある都市で全国から八〇名ほどの学者の集まりがありました。市役所や関連団体が歓迎してくれました。記念撮影もしてくれて、その写真を親切にも送ってくれたのです。そこにはお礼と一緒に、この市がいかに国際化に対応しているか誇らしげに書いてありました。受け取った筆者はお礼の言葉と一緒に、「国際化に少しはお役に立つかもしれませんので、有効にご利用ください」と自著や関連論文などを送りました。この市から筆者が受け取ったメッセージは市長と観光協会長連名でしたので、観光協会長宛に手紙を書きました。ところが返事がないのです。しばらく待ちましたが、梨のつぶてでしたので、観光協会に問い合わせました。それでも返事がないのです。次は市長に直接手紙を書きました。すると、次のような返事がEメールで届いたのです。しかも、発信は企画部秘書課課長補佐からでした。

「まず、昨年来、度重なるご無礼がございました点、心よりお詫び申しあげます。当地におきましては二月一三日に新設合併が成就し、新しい市となりましたので、現在、従前の市長以下助役など特別職が失職（三月五日の選挙まで不在）いたしました。また、同日付にて新組織、新人事配置となりました。このため、貴殿のお手紙に付きまして、秘書課のほうで手配し、新たな商工観光部長ならびに、観光振興課長に確実に引き継がせていただきますので、ご理解のほどよろしくお願いいたします。なお、本日は県庁などへの挨拶回りのため不在であり、若干に時間を頂戴したいと存じます。重ね重ねのこの度の失態につきましてお詫びを申しあげ、まずは、お手紙受領のご連絡とさせていただきます」

まず、お詫びの挨拶をメールで行なうのは、この場合無礼です。市長および観光協会長双方に手紙を送っているのに、返事はまったくありませんでした。返事は課長補佐にさせる（上司には隠して現場で処理をするという隠蔽《いんぺい》癖かもしれません）のも無礼です。またひとりよがりの挨拶回りという非生産的な慣習を言い訳にする若い役人、詫びてその気持ちが少しも伝わらない文章で、悪文でもあります。このEメールを受けたのが二月一五日で、二月一七日付けの手紙が観光振興課長から届きました。そこには、「さて、このたびは貴重なご著書などお送りいただきましたのにもかかわらず、また度重なるお尋ねのお手紙を頂戴していたにもかかわらず返事もせず、連絡もせず、石川様に大変失礼なことをいたしてしまいました。心よりお詫び申し上げます。また、ご親切なご注意、ご指摘をいただき、まことにありがとうございます」とありました。

さらに、いただいた封筒の裏に同市市民憲章(「お誓い」とあるのですから、一流ホテルの「クレド」に似ています)が明記されていました。それを以下に転記します。

一、恵まれた自然を愛し、みどりゆたかなまちをつくります。
一、歴史と伝統を生かし、文化のかおるまちをつくります。
一、きまりを守り、心のふれあうあたたかいまちをつくります。
一、若い力をそだて、健康で希望にみちた明るいまちをつくります。
一、世界と未来をみつめ、活力にあふれるまちをつくります。

前述の事例と照らし合わせると、これらの文言が何となく空疎《くうそ》に見えてきます。きれいな文言を並べ立てても、そこに実践が伴わなければ、砂上の楼閣です。いつかは崩れ落ち、ボロを出すことになってしまいます。ホスピタリティ・マインドが生かされていませんから、このままでは「みどりゆたかな」「文化のかおる」「心ふれあうあたたかい」「健康で希望にみちた明るい」「活気にあふれる」まちづくりをするなど不可能と言わざるを得ません。言葉だけが先行していて、成果のあがらない事例として取り上げてみました。

もうひとつ事例があります。「街づくり」「町おこし」という言葉もひとり歩きしていますが、ある町が「町おこし」の一環として「一筆啓上」というキャンペーンを現在でも進めています。町をあげて、このキャンペーンに取り組んでいるというのです。筆者はそれこそ「一筆啓上」(drop a line) のすすめをずっと訴え続けてきましたので、この町に共感・共鳴の手紙を町役場宛に送りました。しかし、かなりの時間が経過したのに返事がありませんでした。「一筆啓上」を提唱している町なのに、信じがたいことです。そこで、催促してみましたら、返事が来ました。それは町役場からではなくて、同町の財団法人文化振興事業団からでした。

送った手紙や資料に対して返事がない、誠意がないことを示す事例です。

交通機関にしても、教育機関にしても、無言や沈黙の非礼さを指摘して案件の収拾を迫ると、異口同音に長い説明や言い訳の返事が届きます。その手段も簡略なEメールであったり、文字通りの乱筆乱文であったり、鑑《かがみ》にもならない事例があまたあるのです。そういうことをやっている人に限って「説明責任」とか、「有言実行」とか、「継続は力なり」とか正論を口にしているのです。

前述の地方自治体の粗っぽい反応については後日談があります。この一件について筆者は友人に次にように書き送りました。

「挨拶ができない、ありがとうが言えない、手紙を書かない、など、こころがかさかさな人たちが増えました。ホスピタリティ欠如の日本人。他人にきびしく、自分に寛容な人たちばかりです」

すると、友人から次のような返事が来ました。腹を立てているのはみな同じです。

「小生も同じような経験があります。地方のある町の役場と連絡をとったのですが、担当レベルではラチがあかず、梨のつぶて状態だったので、やむを得ず町長宛に直訴して、やっと返事があったのです。行政の怠慢とか不作為とかいう以前の、基本的なマナーとしつけが、まったくされていないのが実情です。しかし、企業も同様ですね」

行政と広報――面白くて、楽しくて、役に立つ?

行政におけるホスピタリティ具現化のスタートは、「広報」です。広報活動は、何をするところか、どんなことをして人々の役に立っているのか、成果は上がっているのか、成功と失敗の例を開示し、教訓にしているか等を知らせることから始まります。それもわかりやすく、平易な文章で、面白く行なうことです。いくら印刷物を作り、ラジオやテレビで放送し、新聞や雑誌に記事を載せても、面白くなければ誰も注目しません。読んで、見てもらえないのであれば、努力は水の泡です。それに費やされたお金も時間も労力も、無駄に終わってしまいます。まさに税金の無駄遣いです。

実例はいくらでもあります。例えば水資源はライフラインですから、各地にある水道局の役割は重要です。それぞれが広報活動のための予算を持っています。もちろん財源は税金です。何に使うのでしょう。まず、パンフレットの作成です。しかし、適切でないレイアウトや、誰に読ませるのか定かではない文体と中身で作られていて、手にした人が一見してくず箱に捨ててしまうようなものがあります。そこには、創意工夫がまったく見られないのです。よそがやっているから、うちもやるという発想が見えます。

あなたの家のそばの河川について、どれほどたくさんの印刷物が作られているかご存知でしょうか。それらには理屈にあった考え方が反映されているでしょうか。もちろん、中には有益な印刷物もあります。例えば、利根川水系渇水対策連絡協議会が出している「節水マニュアル」は役に立つ内容です。このように、広報活動で印刷物を作る際には、読者のプラスに寄与していることを明確に示せばいいのです。それだけで、その印刷物を読んだ人は「ありがとう」の気持ちになるのです。そして、そうさせる力がホスピタリティ・マインドなのです。

「面と向かって」か、「文書」でお知らせする時の注意点

面と向かって知らせることを「プレゼンテーション」、この仕事をする人を「プレゼンター」

と呼んでいます。情報社会では、情報伝達に関わる人はすべて「プレゼンター」であるべきです。例えば、何か道理にかなった貢献をする時には、まず自分がよく理解する必要があります。そして、実践にあたっては、周囲の関係者に対してわかりやすく説明（プレゼンテーション）をし、理解と協力を得るとともに、その後も必要な情報があれば発信しなければなりません。目的達成のためにも「プレゼンテーション」には最適な手段を選ぶべきです。何が最適かについては仮説を立てて、事前テストを行なうことも必要です。万事用意周到にやらなければなりません。

相手の顔が見えないまま観念的に文書化するのは、簡単な作業です。文書の作成は、必ずしも相手の反応を見越しての作業ではないからです。これは一方通行の情報発信です。相手を慮《おもんぱか》っていないことも多く、ネガティブな反応を起こしてしまうこともあります。言いにくいことは文書にする、というのも人情ですが、情に流されては管理や抑制、勧告や叱正ができません。文書での通達と口頭での「プレゼンテーション」を適切に使い分ける必要があります。また、何か問題が起きた時にそれがさらに悪化しないよう、受信先からのフィードバックをあわせて行なう必要もあります。

米大統領にも手紙を書く

筆者はアメリカの大統領に二度手紙を書き送った経験があります。一九九三年、ビル・クリントンが大統領に就任した時にお祝いのメッセージを送ったのが最初です。二度目は、ある日『日本経済新聞』に掲載されたクリントン大統領夫妻の記事に対する私の反応を知らせたい、とふと思いついて実行した時です。いずれの場合も封書で返事をいただきました。それは驚きでしたが、アメリカでは常識なのです。以下に初めて受け取った大統領からの返書の一部を転載させていただきます。

I was so very pleased to receive your warm message of congratulations. I've been humbled and also thrilled by the tremendous outpouring of support and enthusiasm from around the world.（[大意] 心温かいお祝いのメッセージをいただき、とてもうれしく思います。世界中から怒濤《どとう》のごとく寄せられて来るご支持やご支援に恐縮するとともに感激で一杯です）

大国の大統領からいただいた手紙から、「恐縮する」と言いたい時に、英語ではbe humbledを使うということを学びましたし、新大統領の喜び一杯の気持ちも分けていただきました。見ず知らずの、しかも外国の人間にこのような返事を書くという、これこそがホスピタリティ・マインドです。

大統領に手紙を書いたと数人の日本人の同僚に話しましたら、相手にもしてくれませんでした。「どうせ返事など来るはずはないよ」と言うのですが、それは日本の基準で他国のことを考えているからに他なりません。受信したら返信するのがマナーであり、（世界の）常識です。

実際に返事をいただきましたから、「大統領から返事が来たよ」と同僚に言うと、これがまったく驚かないのです。無感覚を示すポーカーフェイスなのです。しかも、「返事が来たのはいいけれど、聞くところによると、アメリカの大統領府には大統領本人のサインを真似《まね》て代筆をするボランティアのスタッフがいて、彼らが大統領に代わって返事を書いているそうだよ」と〈いやみ〉を言うのです。なんとこころの腐った人なのかとがっかりしました。こういう人たちに限って、「いやな世の中になりましたね。日本人のこころが崩壊して先が案じられます」などと言うのです。

日本の「通達行政」

先に述べたようなわが国の地方自治体の実態と、アメリカ大統領からの返信が届くという例を比較してみてください。愕然としませんか。

日本の行政のコミュニケーションの特徴のひとつに「通達行政」があります。何でも通達で理解と協力を求めるのです。通達には顔がありません。文字だけです。そして、時には文章の行間を読まなければなりません。言葉足らずの箇所を察しなければなりません。政府が開催しているタウンミーティングでも、おびただしい量の通達文書が出回ります。大事なことは、通達文書にある文章がわかりやすく書かれているかどうかです。ところが実際には、わかりにくい難しい表現や言い回しがあふれています。読んでもよくわからない、理解できない尽《づ》くしなのです。少しは読んでもらう人たちのことを考えて、簡潔明瞭な文章を書いてもらいたいものです。まずは、これが行政のホスピタリティ・マインドの生かし方です。

「わかりやすい」文章のついでに「使いやすい」施設についての例を挙げてみましょう。日本国中、公共施設が数え切れないほどあります。その中で、巨額の資金を投入して建設した国際会議場があります。国際会議の招致は自治体の収入源ですし、施設を無駄なく活用することは当然ですから、積極的に取り組むべきです。海外の国際会議場では朝から会議や集会をやっています。そのため、よく朝食を会議場で提供するのです。いわゆる「ケータリング」です。しかし、日本の会議場ではこの「ケータリング」を活用することができないのです。なぜなら、行政が作成した施設使用基準には、開場が九時とか九時半とか決まっていて、朝食の時間には施設が使えないからです。いたずらに規則は変えられないとの理由で、こうした試みも実施不可能な状況です。会議場内で参加者たちが和気あいあい、朝食をとりながら社交を繰り広げられないのはホスピタリティ・マインドの欠如と言われても仕方ありません。人を喜ばせるために、快適にするために施設は活用されるべきで、規則に縛られて窮屈な環境に甘んじなければならないのは、ホスピタリティの〈こころ〉に逆らうものとみなされても仕方がありません。

公共機関とホスピタリティ

ここでは、鉄道と航空会社の例を取り上げてみましょう。以下の事例は筆者が実際に体験したことです。

〈鉄道の例〉

ＪＲ西日本のイマイチなサービスに関する事例です。「所有者不明の荷物などを見つけた場合には、速《すみ》やかに係員に通報してください」という駅構内や車内でのアナウンスは今や日常茶飯となっています。ＪＲ広島駅から、博多始発の上りの新幹線のグリーン車に乗った時のことです。座席は６Ｃでした。筆者が席にたどり着くと、広島で下車したお客がこの座席に残したと思われる紙袋がありました。中をのぞくと、マンガ本が二冊と駅弁の空き箱らしきものが見えました。グリーン車内で乗客の世話をする係員を探しましたが、姿が見えません。筆者は自分の手でその紙袋を注意深く手に取り、空いていたほかの座席に移動させました。すると、係りの女性が通りすがったので、「こんな袋が私の席に置いてあったので、気持ち悪いからそこの席に移しておきましたよ」と声をかけました。ところが、その女性は何も言わずに、無表情でその袋を持って行ってしまいました。もしかしたら爆発物が入っているかもしれない、と呼びかけているのに実態はこんなものです。

その後、筆者は、6Cの席に座り、音楽を聴こうとしてチャンネルのひとつを選択してイヤホンをさしこみました。ねらいはクラシック音楽です。しかし、聞こえてくるのは雑音だけ。仕方なく他のチャンネルも試してみましたが、そちらは問題なし。クラシックのチャンネルだけが整備不良なのでしょうか。期待を裏切られると人は怒ります。

民営化して、サービス向上を積極的に推進しているJRにしては「手抜かり」であると思い、JR西日本本社に書面でクレームの手紙を書きました。すると、対応窓口である「お客様サービスセンター」から、紋切り型の詫び状が届きました。特記すべきは、書状の宛名で筆者の名前が誤記されていたことです。そこで不注意を喚起したら、センター長からお詫びと釈明の書状が届きました。残念ながら、それも受け取った者をまた怒らせるような、紋切り型に輪をかけたような文面と内容でした。しかし、相手の立場も考えて、「乗客の不満や怒りを解消するための一層の努力をお願いします」と書き送り、この一件は収めましたが、すると間もなく、二〇〇五年のあの福知山線脱線事故が起きたのです。
そこで、世論とメディアの滅多打ちにあっていたJR西日本に対し、お客様サービスセンターを通して、励ましの手紙を送りました。すると、間もなくセンター長から真摯《しんし》な感謝の返事が届きました。人は真剣になれば素晴らしい〈こころ〉の表現ができるものだと思い至った実例です。詫びる時には速やかに詫びればよいのです。そして、褒める時にはタイミングを逸することなく褒めればよいのです。そうすれば、お互いに素直にこころが通い、こころ安らかになるのです。これもホスピタリティ・マインドのなせるワザです。

〈航空会社の例〉

国によってホスピタリティの有りようも異なります。これはスペインの航空会社「イベリア航空」の例です。南仏ニースからスペインのマドリッドへ、この航空会社の便で飛びました。その時、筆者の座席の上を飛ぶようにして、ひとりの黒人乗客がコックピットめがけてダッシュしてきました。彼は客室乗務員によって押さえつけられ、機内で格闘になりました。周りの乗客はパニックに陥り、生きた心地がしませんでした。その人は、この飛行機に乗っていた警官によってついに取り押さえられて、機内は静かになりましたが、乗客の恐怖感は残りました。

空港に着くと、救急車と警察車が機体に横付けされ、その黒人は連行されて行きました。ホテルにチェックインした後、筆者はイベリア航空本社へホテルのレターヘッドを使って、こうした事件が発生して何と恐ろしかったか、その状況を書き送りました。しばらく時間が経ちましたが、返事がありません。そこで、催促しましたところ、返事が届きました。「事件があったことをお知らせいただいたが、そのような記録はないし、現場からの報告もない」と言うのです。

そこで、便名、場所、日付、時間などを書き送り、調査・確認を要求しました。すると、返事がありました。「確かにそのような事件があったことは確認できました。実は、あのフライトは凶悪犯人の護送中で警官も同乗していたのです。手錠をしていなかったので、犯人は座席から飛び出し、コックピットに飛び込もうとしたのです。わが社は国を代表する航空会社として、時には犯人を護送するという特別任務を遂行しなければならないこともあります。ご連絡いただいた事件は、貴殿がお乗りになったフライトでたまたま起きた事件であり、このあたりの事情をご勘案の上、ご理解ください」という趣旨でした。そう簡単には謝らないのです。謝らずに理解して欲しいと一方的です。この話を日本人の友人に話したら「菓子折りのひとつでも持って謝りにくるのが本当だ」と言っていました。お客様を大切にするホスピタリティ・マインドにも国や人によってこのように違いがあることを知るのも参考になります。

ホスピタリティ・マインドと環境

自然環境が日に日に劣化、悪化している状況は目に余るものがあります。これは行政の仕事だとして放っておく時代ではありません。すべての人々に関わりのあるテーマです。人心の〈劣化現象〉についてはすでに述べました。声をかけても言葉として跳ね返ってこない自然やモノに対して、「やさしさ」や「いたわり」の行動を我々はどのようにとったらよいのでしょうか。

一時期、「自然にやさしい」とか「フレンドリー」とか「共生」などの言葉だけがひとり歩きしたことがありました。例えば、わが国の経団連は、世界に「共生」を訴えて、英語でsymbiosisという舌をかみそうな言葉まで喧伝したことがあります。その思想たるや高遠にして、壮大であったのですが、いい言葉が見つかったというだけで終わってしまいました。この英語も消えていってしまいました。そして、残ったのは、全国各地に見られる不法投棄の山や河川の汚染、そして、観光や住宅地開発の名の下《もと》の自然破壊です。

わが国の経済界のリーダーたちは、口を開けば環境に配慮した経営理念等の美辞麗句を並べ立てています。しかし、それらに行動がついていかないのです。諸外国から、No time for talking. Now is the time for action.（口先だけではダメ。今すぐ行動を起こせ）などと叱られていますが、これが英語だから日本人には広く伝わらないのです。そして、何も変わらず、日常的に自然やモノの劣化、悪化現象が続いているのです。

人間が快適に住む町の設計はどうあるべきでしょうか。「快適さ」とはいったいどういうことなのかを考える試みは、いたるところで行なわれています。識者たちが集まってかまびすしいほどですが、自然のたたずまいはどのように大切にされているでしょうか。「文化遺産や世界遺産を大事にしなければ」のかけ声だけではなく、現実的な方法論も大いに語り、実践しなければなりません。そうしなければ、重要文化財に書かれた落書きや観光地に散在するごみや、住宅街を脅かす騒音が消える日は永遠に来ないでしょう。

困ったことに、「大事にする」「もったいない」などという日本人固有の美徳が失われているのです。外国の方から「もったいない」という言葉の意味について問われると、あたかも敵の首を取ったかのように得意がって、日本語の「もったいない」についての評論家が雨後のたけのこのように姿を現し、多弁を披露します。しかし、その人たち自身が「飽食」「贅沢《ぜいたく》」を気にしていないのです。ここには「有言実行」がみられないのですから、「笛吹けども踊らず」の世の中になってしまいました。ですから、自然やモノが劣化し、悪化するのは当然のことなのです。

まず、身近なところから始めましょう。例えば、「緑と水と大地の街づくり」です。自分たちが住んでいる環境を徹底的に調査して、具体的対策を講じることです。「環境アセスメント」などと響きの良いスローガンだけを掲げて、何もしないというのをやめること、やめさせることです。そして、中身の充実した行動プランを考え出すことです。それには、回顧・反省が大切です。欧米の企業や団体の考え方をよく表わしているのが Reviews &

Recommendations（回顧・反省と提案）の文書化です。私たち日本人は「いけいけどんどん」は得意のようですが、回顧や反省は不得手のようです。ですから、同じ過ちを繰り返すのです。

一九八六年にＢＳＥ（いわゆる「狂牛病」）問題が英国で発生した時のことです。英国政府はあらゆる対策とその成果を文書化して、世界中の関係国に情報を提供したそうです。もちろん、日本政府もその文書を受け取っていました。一般に外国からの文書は英語で書かれています。英文文書を読解するのは「面倒くさい」といって放置されることも多々あるようです。元駐日英国大使は「わが国の政府は対策文書をもれなく日本政府に提供したが、読んで理解して活用してもらえなかった」と言っています。それでいて、わが国は「国際化」や「グローバル化」を口ではにぎやかに喧伝しているのです。どこかおかしいと思いませんか。

善意は善意として受け入れて、「ありがとう」の気持ちでその内容を生かすことです。そして、救える人は救うべきです。知恵はどこにでもあります。「フレンドリー」などと気安く言わずに、「世界の常識に照らして何がいいことなのか」を考えましょう。そんなに難しいことではありませんから、とにかくやってみることが大切なのです。状況を好転させ、悪化や劣化に歯止めをかけるのが、ホスピタリティ・コミュニケーションなのです。

次章では、個人や組織としてのコミュニケーションを論じる時に、とりわけ重要なホスピタリティ・マインドと「お金」について考えます。

感動の共有

トーマス アンド チカライシ株式会社 代表取締役
力石寛夫

サンフランシスコにキャンプトンプレイスというホテルがあります。もう十数年前のことですが、初めて泊まったそのホテルが気に入ったので、三カ月後にまた予約をとりました。空港からタクシーに乗って、ホテルで車から降りたらドアマンがドアを開けて、私の顔を見るなり Mr. CHIKARAISHI, welcome back to CAMPTON PLACE HOTEL. と声を掛けてきました。三カ月前たった一回しか泊まっていない私の顔と名前をそのドアマンは覚えていて、しかも、Mr. CHIKARAISHI なんて英語では非常に言いにくい名前をちゃんと発音したのです。私はしびれました。

そして、その日はたまたま私の誕生日だったのですが、フロントの女性が、「力石さま、ようこそキャンプトンプレイスへお戻りいただきました。とってもいいお部屋をご用意させていただきました」と満面の笑みを浮かべて言うのです。

それでベルマンに案内されてその部屋へ入ったら、テーブルの上にきれいな花とシャンパンがあって、「私どもはこのお部屋を力石さまの誕生日のために予約をしておきました」というメッセージがありました。部屋番号は私の誕生日と同じ612号（六月一二日）です。そのときの感動を私は一生忘れないでしょう。

フロントの人が三カ月前に泊まった私の宿泊表に書かれた誕生日を見て、思いついたのでしょう。荷物を置いてくれたベルマンに私は「しびれた」と言いました。

するとそのベルマンは、「サービス業が私の天職です」と言わんばかりの、ほんとうにうれしそうな顔をして、Happy Birthday! と祝ってくれました。

ホスピタリティとは人に対しての思いやり・心遣いを相手に寄せれば寄せるほど、感動が生まれてくる世界だと思います。

第六章 「お金」とホスピタリティ・マインド

お金にまつわる「ことわざ」から学ぶ

ことわざは人が生きるための知恵袋です。そこには先人たちの人生訓や生活の実体験が凝縮されています。いつもそばに置いておきたい「救急箱」でもあります。困った時に救ってくれますし、やってはならないことを戒めてもくれます。人間関係には金銭が付き物です。一時も忘れてはならないものです。そのためでしょうか、「金銭」にまつわることわざがまたあるのです。そして、人間関係における健全な営みの指針を示してくれます。これらのことわざは自分を守り、相手を尊重し、お互いのこころの温かさを共有しようというホスピタリティ・マインド実践のナビゲーターと言っていいでしょう。
では早速、例をいくつか挙げてみましょう。

一文惜しみの百知らず

「けち」とか「吝嗇《りんしょく》」と言われるのは「徳」が備わっていないという意味ですので、なるべくそのように呼ばれないように人は努めます。特に金銭に関わることですから、人間関係にとってはマイナスです。人間関係がほころびるとこころが枯れます。そこには「親切さ」も「いたわりのこころ」も「おもてなしの気遣い」も存在しなくなります。しかし、金銭は使いようです。節約を重ねた後、貯めたお金を大きく使う。節約を重ねているうちは「けち」と見られても、あとで大きく使えれば、「大物」と尊敬されます。金銭の使い方も5W1Hです。往々にして、人は目先の利益のみを考えて、先の大きな利益を見損じることになります。あの時に一通のお礼の手紙を出してさえいたら、後々の付き合いがうまくいったのに、といった後悔の事例にあまた出合います。小さな善意を施すマインドがホスピタリティのこころを生かし、何か大きなものにふくらむ可能性もあるわけです。

一銭を笑う者は一銭に泣く

文字通り、わずかな金銭を粗末にする人は、そのわずかなお金で泣くということで、前のことわざと大体同じ意味です。こんなことをしてあげたって何にもならないから放っておこうという考え方を戒めています。因果応報という言葉もあります。結局は自分に降りかかってくるのです。ですから、何をするにも、(世話をする、気を配る)「マインド」が大切です。

江戸っ子は宵越《よいご》しの銭は持たぬ

かつての江戸の文化は世界に誇れる都市文化だったと言われています。住民にも余裕があり、特に「ご隠居さん」と呼ばれる方がいて、自分でも「おせっかい役」と称しているように他人のことをよく気にしてくれた(ホスピタリティ・マインドたっぷりの)人が大勢いたそうです。他人の困った様子を見ると「我慢がならない。即、お助けを」と行動するので、その日の金はその日のうちに使ってしまう。つまり、「気風《きっぷ》」のよさ、「金離れ」のよさが売り物でした。そうした即断即行のホスピタリティ・マインドが江戸っ子の金銭感覚にも強い影響をおよぼしたと考えられます。

カネの貸し借りは不和の基《もと》

借金やお金の貸し借りがその返済をめぐって人間関係に不和を招きやすいことは古今東西変わりません。守銭奴シャイロックの例もあります。親しい間柄でも仲たがいが起こります。当事者同士が常に貸し借りのバランスを平衡に保つことが調和した人間関係には大切です。借りたら、出来るだけ早くお返しすることです。なにもお金だけではありません。時間も、労力も、心遣いも含まれます。どこかでお世話になったら、そこには人、モノ、金が動くことになりますから、その労を慮《おもんぱか》って「いたわり」や「感謝」の気持ちをはっきり表現することです。そうしませんとこころは相手には伝わりません。昔風に、「言わず語らずこころところ」ではないのです。「以心伝心」でもないのです。はっきり言動で表わしましょう。お互いに「貸し借り」の関係が存在しないとなんと気持ちのいいことでしょう。例えば、外国でお世話になったとします。帰国したらただちにお礼の手紙を書きましょう。「今度は東京でお返しさせてください」などと記しましょう。こういう簡単なことをやらない人たちがまだまだたくさんいるのは困ったことです。

カネは天下のまわりもの

お金はとどまっていません。次から次へ、人から人へ、渡っていくものです。今、あなたのところからどこかへ行ってしまっても、いつかは戻ってくると考えると気持ちにゆとりが生まれます。お金は気前よく使いましょう。外国にもMoney talks.（地獄の沙汰も金次第）ということわざがあります。お金は口を利いてくれるのです。二〇〇六年十月、ハワイに大地震が起きました。被災者はさぞかしお困りだろうと思い、わずかの金額でしたが、それをハワイ州知事宛にメッセージをつけて送りました。すると、一カ月後にハワイ州知事ご自身から公式便箋を使って丁重なお礼の親書が届いたではありませんか。実に、金額の多寡《たか》に関わらず、筆者のお金は口を利いてくれたのです。知事からの親書の一部を以下に記します。

Aloha Mr. Ishikawa,
Thank you very much for your generous contribution to the Hawaiʻi Island Earthquake Recovery Fund. We have delivered it to the Hawaiʻi Community Foundation, who is administering the fund and working with various organizations who are willing and able to help those affected by the earthquake.
（［大意］このたびは過分なご寄付をいただき本当にありがとうございました。被災者に対する支援を申し出ている組織や人々と協働している財団があります。あなたのご寄付は財団にお届けいたしました）

知事じきじきの親書を受け取り、筆者のこころは「何かいいことをした」のだという満足感で一杯になりました。知事に手紙を書いても秘書課長（代理）あたりから返書が届くようなどこかの国の行政とは違いますね。

ない時の辛抱、ある時の倹約

お金のない時はつらいものです。でも「我慢」という言葉があります。ない時には我慢して、ある時には「贅沢《ぜいたく》」に走らず、倹約して、いざという時に備えなさいということです。「過ぎたるはなお及ばざるが如し」「薬も過ぎれば毒となる」「帯に短し、たすきに長し」などといったことわざもあります。物事には〈バランス〉が大切ということです。そういうバランスの中で、自分には何ができるかをいつも自問自答して、何かいいことを実行する、このこころがホスピタリティの源泉であり、それを形に表わすための引き金がマインドです。例えば、今年はお金に余裕がないのでロンドンの友人を訪ねるわけにはいかないが、お金を貯めて来年行こう、とか。こういう心遣いは尊いものです。

早起きは三文の徳

昔から、寝坊はお叱りの対象になりましたが、早起きは褒《ほ》められました。「早起き」からはすがすがしい、新鮮、働き者（マメ）、元気、爽快など、いいことばかりを連想します。これらすべてがホスピタリティの源泉です。「おはようございます」という挨拶には、何事も自然に滑りよくする神通力があります。そこにはこころがあります。ついつい笑顔になります。かつて、ある調査機関がもっとも美しい日本語は何かという調査をしました。その時のトップが「おはようございます」だったそうです。外国人もこの言葉が大好きです。アメリカ人の間では「オハイオ（Ohio）」という州があるので、「オハイオございます」と憶えやすいと好評です。

時は金なり

時間はお金と同様に貴重なものであり、無駄に使ってはならないという戒めのことわざです。時間もお金もあっという間になくなってしまいます。「光陰矢のごとし」とか「歳月人を待たず」などと昔から言われていますが、私たちは無駄遣いをしていませんか。相手との約束の時間に遅れる。面会の約束をしても何時間の面会なのかをはっきりさせない。二〇分お会いしたいと言えば、相手は二〇分後に次の予定が入れられます。そのほうが相手に親切です。「会して議せず、議して決せず」と言われる中身のない会議に長い時間をかける。こんな例はいくらでもあります。「時は金なり」から発したビジネス慣行のひとつが「時給制」

です。報酬の支払いを時間単位で行なうというのです。例えばアメリカでは、弁護士に電話で些細なことでも相談しますと、相談時間を基にして請求書が届きます。そこには、「専門的なアドバイス料として（for professional service）」とあり、決められたタイムチャージ（時間割料金）が請求されます。弁護士の時間はたとえ一秒であっても金銭計算の対象なのです。ちなみに、プロフェッショナルとは弁護士、公認会計士、医師、税理士、弁理士など「専門職」の総称でもあります。

お金にまつわることわざは内外に数え切れないほどあります。これらを見てもお金とお金を使う人のこころは切り離すことができない因果関係にあることがわかります。お金の使い方が人の喜怒哀楽を支配し、不和、諍《いさか》い、紛争、戦争の引き金になるのです。お金の使いには、健全なこころが動いていなければなりません。それにより人間関係は相互信頼・調和の傘の下で進行するのです。この健全なこころがホスピタリティなのです。

欧米のチップ制と日本のサービス料制について

相手に何かしていただく時や、していただいた時、その労や費やした時間や心遣いに対してお礼をすることは当然です。欧米では「チップ」の制度があります。何かしていただいた時、感謝のジェスチャーとともにお金を渡します。相手は収入になりますから、感謝します。「ありがとうございます」が笑顔と一緒に返ってきます。チップを渡したほうも満足です。しかし、日本では「チップ」の概念が定着していません。歴然としてあるのは「サービス料制度」です。特に高級と目されているホテルや旅館やレストランでは、サービス料名目でチップの代わりにお客様からお金をいただいています。サービスを提供する側とサービスを受ける側で、「サービス料」と「チップ」の是非に関して今まで本格的議論があったでしょうか。これはサービスの質を語る時に避けられない案件なのですが。

ある高級旅館では次のように言っています。

私たちはお客様に心地よい商品を提供することを旨としております。私たちの主たる商品は「心地よさ」です。「サービス」という言葉と、「目的」および「手段」の関係にあります。サービスが主たる商品である以上、それを別立てでいただくわけにはいきません。「心づけ（チップ）」についても同様です。お気持ちは大変ありがたいことなのですが、それによって差がつくようなサービスを私たちは目指しておりません。

このようにいつでも、どこでも、誰もが同じような「心地よさ」を受けられるよう励むというのが日本の風土なのです。ここでは「チップ」は神通力を持たないのです。実に明快ですね。これが欧米と日本のホスピタリティの大きな違いなのです。
それでも、私たち日本人が海外へ出かける時に頭を痛めるのが、チップです。いくらあげたらよいのだろうと頭を悩ますのです。請求額の10％を言う人もいます。15％を言う人もいます。前述したように欧米では、チップがサービス提供者にとって主たる収入源なのです。TPOで容易に変動する心遣いやオマケではないのです。海外へ行ったらこの制度を尊重しましょう。チップを受け取る人は税務署に申告をせねばなりません。税務署は当事者の収入にはどれほどのチップ収入があったかを想定します。もともと基本給が低く設定されているのですから、チップは大きな意味を持ちます。サービス提供者はたくさんチップをいただきたいと懸命になります。そのためにサービス、特に「手段」に力を入れます。お客様から最大限の好意と満足を引き出そうと全力をあげます。これが彼らのホスピタリティです。彼らは現場で自分の全知全能を駆使して演出します。「私のお客様」であって「私たちのお客様」ではないのです。ですから、欧米のレストランへ行くと、ボーイやウエーターは自分のお客様以外に無頓着なのです。「自分のテーブル」を「ベストテーブル」にして、お客様の満足の証《あかし》である「チップ」を期待するのです。

ところが、日本での評価対象は従業員それぞれの個人プレーではなくて、組織や企業の総合評価なのです。従業員の好サービスは組織のもの、グループのものなのです。一律にサービス料をいただき、どこでも良質の高レベルのサービスを保証するというのです。例えば、「○○ホテルのサービス」「○○料亭のおもてなし」といった具合にです。

このように見てくると、欧米と日本のサービス観に大きな違いがあることに気づきます。個人プレーの欧米、チームプレーの日本です。抜群のサービスによりホスピタリティ度が高まり、お客の喜びや満足感がチップに反映される欧米、お客の喜びや満足感が組織の評価に結びつく日本。日本では、サービス提供者が全力で所属する企業や団体のために仕事に取り組みます。ところが、欧米では、チップは個人的であり、多ければ多いほど良いサービスをしたことになります。しかし、そこには個人差が大きく出てきます。このばらつきは企業や組織のイメージを損なう原因にもなります。あのレストランへ行ったら、何から何まで行き届いていたという評価と、あのレストランへ行くとあたりはずれがあってねぇ、という評価のどちらをあなたはよしとしますか。どちらにもプラス面とマイナス面がありますが、組織や団体が大きくなると、どうしてもばらつきが出てきますので、サービスを均一化、標準化しようとすると、制度化、ルール化に踏み切ることになります。法律を作るわけにはいきませんから、マニュアルとかクレド（credo）を作り、それらの内容を充実させてサービスの向上を図ろうとするのです。

「郷に入っては郷に従え」のことわざ通り、欧米へ行ったら「チップ上手」になりましょう。お金が本当にモノをいうのです。ゴルフ場の例です。スタートに順番待ちのカートがたくさん並んでいました。これでは「四十五分は待たされるかな」と勝手に想定してクラブハウスでコーヒーを飲みながら待ちます。四十五分たってスタートに来てみると、まだ十数台のカートがあるではないですか。結局、一時間余り待たなければなりませんでした。次の週、またそのゴルフ場でプレーをしました。スタートにはたくさんのカートが並んでいました。スタート時間が間もない人たちだけがいて、他の人たちはクラブハウスでお茶でも飲んでいるのでしょう。スタートでカートを並べ替えている係りの男が「おはよう」と笑顔でやってきました。私は彼の挨拶に応えながら「いい天気だね」と言って、間髪をいれず彼にチップを渡しました。彼は「キュー」（Thank you. がつづまった音）とか言って、鼻歌を歌いながら私たちのカートを動かして、すでに並んでいるカートの先頭のほうへ歩き始めたではないですか。そして、言うのです。「お客さん、あと五分でスタートしてください」と。

次は、タクシーの例です。運転手へのチップには気を遣います。小銭ですから細かい計算になります。時には手持ちの小銭が足らない時があります。そんな時には、やや少なめのチップを払わざるを得ないことになります。すると、運転手の中には「これっぽちか。地下鉄にも乗れやしない。Stupid!（ばか！）」と悪態をつく者もいます。たかが五〇セントやそこらの違いです。しかし、チップをケチって、Stupid! と言われて気分を悪くするのと、少しばかり多めの小銭を渡して運転手から、Thank you. Have a nice day! と声をかけられるのとでは、どちらがいいですか。チップは感謝のこころの表現です。こちらも「ありがとう」、相手も「ありがとう」とこころが通い、そこに共生のマインドが生かされて、好感を呼ぶのです。そこで教訓です。請求額の15％を目安にチップはケチらないこと。チップは感謝するこころの余裕の現れです。そこには必ず心地よい「ありがとう」と「笑顔」が待っています。

ホスピタリティ教育の必要性

東洋大学大学院 国際地域学研究科 教授
服部勝人

今から二〇年ほど前に、知人から高校入学ができなかった学生の面倒を見てほしいといわれ、カナダのジャスパーでの正規の高校卒業プログラムのお世話をしたときのことです。

家庭内暴力もあり、両親との距離をもつことと社会性を身につけさせることも含めてのことでした。本人が積極的に留学するのとは違い、その心配は大きく、預ける側の両親も、預かる側の教育委員会もホストファミリーも同じだったと思います。教育という視点から快く迎えいれてくれたことは、まさに困っている人に手を差し伸べるというホスピタリティを実感したことでした。

ホストファミリーからは、公共施設が完備され、様々なスポーツをするのに日本のようにお金がかからないことは十分に説明されていました。しかし、途中で帰されるという結末だったのです。その理由は、母親がカードを持たせたために、不本意なお金を使い、他の学生にまでも悪影響を及ぼすからというものでした。何のためにカナダに行ったのか、行かせたのかを本人も両親も何も分かっていなかったのです。

第三者である私から見たら、教育をうける上での環境は最適なものと思われ、またどれだけ多くの人が、一人の学生のために心を寄せてくれているかということを、この家族は感じる事ができなかったのです。このことは、人と人との関係の上で何が大切なのか、また、日常生活においてホスピタリティの学習の必要性を痛感させられた出来事でした。

ホスピタリティは、社会性を学ぶことで身に付く事が多いのです。特に若い母親の方々に人と人との関係において、ホスピタリティが重要であることを認識していただきたいと切望する昨今です。

ホスピタリティの実践とは

グランド ハイアット 東京 チーフコンシェルジュ
阿部　佳

チェックインをすませたお客様がにこにこと近づいていらっしゃいます。急いでカウンターを出て「お帰りなさい、スミス様。このあいだのおもちゃは息子さんに喜んでいただけました？」「ああまた来たよ。おかげさまで大喜びだった」「まあ、よかった。今日のご夕食は、いつものお寿司のレストランになさいますか？」「そうだね。時間を決めたら連絡するよ」。

お部屋に向かわれるお客様の歩みをとめないようにエレベーターホールまで歩きながらのご挨拶。ほんの一言二言でたくさんの想いが伝えられるように演出をこらします。またいらしていただけたことへの感謝の気持ち。「ちゃんとお世話させていただきますから、ご安心くださいね」という歓迎の想い。長旅のあと少しでも早く〈家に帰ったような〉気持ちでホッとしていただけるように。やっぱりここのホテルにしてよかったと思っていただけるように。

心配り、気配りを〈積み重ねて〉いくことがホスピタリティの実践。一つひとつは本当に小さな、些細な気遣いや思いやりです。難しいことはほとんどありません。それらをどれだけ丁寧に重ねられたかによって、お客様の居心地のよさは変化するのです。

ひとりでできることは限られていても、常にチームとしてのつながりを意識すれば、お客様のご滞在中のあらゆる場面で連係して心配りをさらに〈積み重ねて〉いくことができるのです。そうした積み重ねを感じたら、お客様はきっとまた帰ってきてくださいます。

エレベーターのドアに手を添え、お客様を先に、それから部屋までご案内するベルマンを乗せ、ご滞在階のボタンを押して、「お手伝いできることがありましたらおっしゃってくださいね。よいご滞在を」。積み重ねの心と心のバトンをつないで、次はベルマンの出番です。

第七章 異業種間で生かされるホスピタリティ・マインド

〈人〉中心の「業際化」

人と人とが言動などを通じて調和のとれた関係を築き、それを維持することを「交際する」と言います。異なった国同士が同じような関係を構築することを「国際化」と言います。また、異なった学問同士が関わり合い、相互乗り入れを行なったりすることを「学際化」と呼びます。こういった異なるもの同士がつながり合う傾向が、ビジネス界においても異業種間に広がってきました。異なるもの同士が融合し、共通した目標を達成しようとする現象が目立ってきています。それを「業際化」と呼んでいます。

異なるものの中にも、共通の特徴や特性、形やこころが存在します。近ごろ、これらの要素の活性化の原動力になっているのが、一般の顧客や株主の存在です。ビジネスにおいては、何事も主語が〈人〉であることを確認する必要があります。人を大切にし、人に快く働いてもらうことで、大方の問題は解決します。ところが、人を大切にしない、あるいは大切にすることを忘れている、知っていながらそれを怠っている例が数え切れないほどあるのです。

例えば、お客様から電話がかかってきた時の対応がまずいとか、商品に欠陥があったという怒りのクレームがあっても、そっけない、〈こころ〉のこもらない対応をする、とかいった例は、枚挙にいとまがありません。企業側もこういう事態を予見して、何らかの形で対応を整えようとしていますが、その対応がいつも後手に回っているので、さらに顧客の怒りを招くという結果になっています。

「お客様相談室」がきちんと機能しているか

「あんなに有名な企業が、どうしてこんな不誠実なことを」「あんなに立派な業績のある会社が、なぜこんなみっともないことを……」。こういった声が聞かれる事例が相次いでいます。新聞を開いて、社会欄に「お詫び」の広告が見られない日はありません。欠陥商品とか不良商品、商品説明の不備など、「お詫び」を掲載する理由は多岐にわたります。こういった広告の狙いは顧客の不満や苦情を何とかしてなくそう、軽減しようということです。これは、すなわち「顧客なしには企業は成り立たない」という切実な考え方によるものです。

そこで、お客様を満足させるにはどうしたらよいかという課題に取り組まねばなりません。前述しましたが、「顧客満足」（ＣＳ）という言葉がもてはやされています。どうやってお客様を満足させるかということに、多くの企業が熱心に取り組んでいます。お客様の要望に限りはありませんから、すべてを満足させることは不可能だとしても、不満を放置しておくわけにはいきません。そこで「お客様相談室」や「お客様センター」などという呼称の組織を作り、対応しています。ここまではどこの企業でもやれる仕事です。肝心なのは、相談室やセンターという、いわゆる「箱物《はこもの》」に、何を入れるかです。そこにはもちろん人が入るのですが、どんな人が入っても良いというわけではありません。ホスピタリティ・マインドを持った人が入る必要がありますし、その人のこころが、正しく素直にお客様に伝わらなければなりません。よく間違って認識されているのですが、企業に〈こころ〉があるのではありません。企業を構成する人にこそ〈こころ〉があるのです。それは、お客様に丁寧に応対するとか、言葉遣いがやさしいとか、きめ細かな気遣いが見られるといったことで証明されます。そのためには、そこで働く人一人ひとりにホスピタリティが内在し、それを実践するマインドが活発に働いていなければなりません。そうしなければ組織という「箱物」はまったく変わりません。

ある日、ある有力企業に電話がかかってきました。代表電話を通さない、直通電話です。訓練を受けていない電話の受け手が、何気《なにげ》なく、物憂《ものう》い調子で応えたとします。電話の主はそれに鋭く感応して「あなた誰？」と聞きました。「私は○○社の○○です」と言うやいなや、受話器の向こうから、「その電話の話し方はなんだ。それがお客に対するマナーか。そんな対応の仕方なら、この話は他社へ振るぞ」という怒声が聞こえてきました。相手の立腹を買ってしまったのです。このように、何気ない電話の受け答えひとつで、お客様を失うこともあるのです。企業とか組織で働く人たちは、管理された環境の中にいるということをまず認識しなければなりません。その環境をあるべき姿で維持するには、適度の「緊張」が要請されます。気を緩めてしまって、お客様に叱られないことです。理路整然と、丁寧に、声の質を滑《なめ》らかに、低姿勢でお客様に接することが大切です。この姿勢はホテルやレストラン、航空会社などホスピタリティ産業と言われている企業群のみならず、すべての業種に通じることです。

せっかく設置した「お客様相談室」や「お客様センター」は、実際にちゃんと機能しているでしょうか。お客様のクレームに対して、謝れば謝るほど相手を立腹させてしまうとか、いくら説明しても真意が伝わらないということになってはいないでしょうか。このような事例に対応するために、企業はばらつきのない均等な基準で、相手への対応を図るための「マニュアル」を作るのです。そして必要な言動の標準化を進めるのです。

留意すべきことは「マニュアル」はトップダウンの指示であるということです。必ずしも、「マニュアル」に記載されている指示通りに行動していれば、完全無欠の解決ができるというわけではありません。伝えるべき内容や意味が相手に素直に伝わるのは、トップダウン方式ではないのです。そこには伝達しようというひたむきな意思、きちんと理解していただこうという意思、そしてその理解に基づく行動をとっていただこうという意思が必要なのです。

これらの意思はトップダウンの指示というより、相手の目線に立つ〈こころ〉なのです。その意思を実践し成果を顕在化させるのがマインドです。電話の向こうで頭を下げている姿勢は〈察する〉ことができますし、口先だけという空気も容易に感づかれます。

こうした、お客様に真摯《しんし》に接しようという姿勢は「マニュアル」だけでは作り上げることはできません。「マニュアル」の内容を解釈し、現場で実行できるホスピタリティ・マインドの働きが求められます。それは「ちょっとした機転」の働きでもあります。しかも、「マメ」でなければなりません。面倒がってはなりません。乗り気ではないといって要件を先送りすれば、状況はますます複雑化し、悪化するかもしれません。これは顧客満足（CS）を達成しようという行動すべてに関わる重要なテーマです。

M&A（企業の合併・買収）の際に必要なこと

企業にはそれぞれ風土や文化があります。それはDNAみたいなものです。簡単には交《まじ》わりません。M&A（Mergers and Acquisitions）がうまくいっているケースもあれば、そうではないケースもあります。ダメなものはダメなのですが、なかなか改革・変革の踏ん切りがつかないケースも多く見られます。「三社が合併したが、いつまでたっても同じ血液型にならない」（＝企業文化が統一されない）などという声をよく耳にします。「努力をしていますか？」と聞くと、「（もちろん）している」という答えが返ってきます。本当でしょうか。「している」と言っても、ありきたりの努力しかしていないのではないでしょうか。何事も、達成させるには半端な努力では不可能なのです。言った以上は行動に移す、そして、成果を上げるというきびしい検証行動が伴っていませんと、新しいことをする時に、信用を勝ち取ることはできません。しかし、「言うだけ」に終始している事例がいたるところで見受けられます。

企業が合併した場合でも、サービス改善のための必要項目の多くは共通して存在します。それらの共通項目を質的に改良して、それぞれの環境に応用することは重要なテーマです。特に〈人財〉と言われるようになった「人」の教育です。そして、今まで述べてきたような、ホスピタリティ・マインド、こころの動きを練磨することです。これは企業が外に向けて持ち前のエネルギーを放射するために必須な要件です。ところが、実情は、「ＣＳＲ（企業の社会的責任）」「コーポレート・ガバナンス（企業統治）」「コンプライアンス（法令遵守《じゅんしゅ》）」「CS（顧客満足）」「メセナ（企業による芸術・文化の援護活動）」「フィランソロピー（慈善、博愛、慈善活動のうち、特に企業の行なうもの）」などといった、目新しい言葉の勉強に多くの時間を費やしているのです。これでは考え方の学習と実践することの優先順位が逆転してしまっています。例えば、以下はある有力企業の広告メッセージです。

「コンプライアンス」への対応は、結果として経費削減や効率の改善、リスク管理能力を向上させてくれます。つまり、市場や社会の評価もぐんと向上するというわけです。

このように言われても、理解に戸惑いませんか。今より面倒なことが増えるのではないかと考えてしまいませんか。それはこの文章では、誰が何をすればよいのか、はっきりしないからです。これでは美辞麗句がひとり歩きしていると言われても仕方がありません。大切なのは、何よりも「有言実行」、それもわかりやすく行なうということです。

日ごろサービスを提供する仕事に従事する際には、お客様に対応する基本をしっかりと踏まえることと同様に、チャレンジ精神が重要です。人はやってみて間違えると、その間違いを二度と繰り返すまいとこころに誓いますが、言葉だけで理解していると、間違いを犯す不安（リスク）がなかなか消えないのです。数々の実体験を積み重ねることによって、「コーポレート・ガバナンス」や「コンプライアンス」などの本当の意味がやっと理解できるのです。

企業の「窓口」とは

「窓口」という言葉とその意味について考えてみましょう。何か疑問があったり、不満があったりすることを申し出ると、企業側から即座に出てくるのは、「窓口を通してください」という決まり文句です。まるで、「窓口」を通すとすべてが解決するかのような言いぐさです。それほどこの言葉は使い古されておなじみになっているのです。「窓口」とは、「窓を通して、人と応対し、それに関する事務をとる所。転じて、外部との折衝を担当する役」と『広辞苑』にはあります。つまり、組織や団体にとって最も現実的な対外接触の場なのです。

しかしながら、今日の「窓口」という言葉が持つ大事な概念を理解するには、辞書だけでは足りません。付け加えて理解すべきことは、「窓口」は文字通り、それが企業の「窓」であるということです。「窓口」は企業や団体のイメージを左右する重要な機能を果たしているのです。「窓口」での言動を見て、外部の人たちはその企業や団体を評価します。「窓口」には企業や団体のイメージを高揚させる全頭脳と神経が集中していなければなりません。「窓口」で働いている人のイメージは、その企業で働く社員全体のイメージになります。姿勢、言葉遣い、表情、知識などに注意しなければなりません。ここで差をつけるのが、ホスピタリティ・マインドの有無です。ホスピタリティ・マインドを持って仕事をしていれば、「やる気」「真剣さ」「威厳」「人なつっこさ」「癒し」などといった雰囲気やイメージが作れるのです。「窓口」業務の重要性を集約しているのが、「ありがとうございます」という言葉とそれを発する時の姿勢です。「ありがとうございます」の言葉を〈素直に〉発する時の表情は明るく、姿勢もちゃんとしているものです。そのように言われた相手は必ず好感を持ちます。しかし、一見簡単と思われるこの言動がなかなかできないのです。

それから、「窓口」業務には電話の応対も含まれます。近ごろでは、電話はおおむねダイヤルインの直通電話が使われるようになり、すっかり個人化してしまいました。以前のように、代表電話があって専門オペレーターが出るような企業は少なくなりました。しかしながら、たとえ個人直通の電話であっても、仕事上の電話に出る時は要注意です。ぞんざいだったり、投げやりだったり、いい加減な応答や粗っぽい受け答えは企業のイメージを損ない、ついにはお客様を失ってしまいます。最近では、個人がインターネットのブログや掲示板などで意見を発表したり、情報交換することがさかんですから、ひとりのお客様に対していいかげんな対応をすると、それがネット上ですぐさま広がって、大きなイメージダウンになってしまうこともあるのです。「窓口」とは単なる「入り口機能」ではなくて、企業の最も重要な「広報」機能を有し、取引企業のトップに対してさえも至近距離で位置するものと認識していなければなりません。

「ホスピタリティ」の理解からほど遠い人たち

自分の口癖に気がついていない人がたくさんいます。企業の幹部の方でもこれはよくあることです。相手の言うことをまず否定するかのように、「そうではなくて……」とか、「というか……」と切り返してくる人がいます。これでは相手は話を続けられません。しかも、その人は否定しているように言いながら、実際は相手と大体同じことを言っているのです。こういう人たちは、手紙やEメールをもらっても返事を書きません。前述した重要なホスピタリティ・コミュニケーションである「一筆啓上」ができないのです。せっかく机の上にパソコンを備えていながら、即返事をしないのです。（特に企業幹部の）「面倒くさい症候群」の一例です。一般企業だけではありません。サービス産業と言われている、宿泊、飲食、旅行、観光に関わる企業や団体の幹部や大学教授にも当てはまることです。ためしに手紙を書いてみてください。どれくらい返事がもらえるか興味津々といったところです。この方々の多くは、立派なレターヘッドなど専用の文房具をお持ちなのに、外に向けての発信にはマメではないのです。そして、そういう人に限って、「私は筆不精でして」などと臆面《おくめん》もなく言い放つのです。このように見てくると、こういった方々は基本的には「ホスピタリティ」の意味を理解していないのです。ですから、こういった方々の属する組織も、ホスピタリティ・マインドの実践までにはまだまだ遠い道のりがあると言わざるを得ないのです。

このように、こころの通い方が閉塞状態にある今日、経団連や商工会議所などが行なう企業や団体のための研修や教育のカリキュラムに、なるべく早い時点で「ホスピタリティ・マインド」を実践させる教科を盛り込む必要があると思います。どんな企業行動を行なう際にも、最も基本となるのは、ホスピタリティ・マインドの実践だからです。

新聞記者は「お客さま商売」だ

『毎日小学生新聞』編集長
石戸成知

新聞記者にとって最も大事だけれど、よくよく自戒しないと忘れてしまいがちなもの、それがホスピタリティだと私は思います。

「どっちが払うんですか」。二〇年近く前、九州で司法担当記者をしていた私に、読者から電話がありました。

お尋ねを受けた私の記事は、こんなものです。

「AがBを相手取った訴訟で□□地裁は、Bに○○円の支払いを命じた」

なるほど、確かに「AがBに払え」とも「BがAに払え」とも読めます。実は、訴えられた側がお金をもらえるとは考えにくいのですが、しかし「常識で分かってください」などと、読者(＝お客さま)に求めるのは筋違いでしょう。

何のことはない。「○○円をAに支払うようBに命じた」と書けばよかったのです。「誰でも文章の構造だけから、意味が分かる」という視点から、「読者本位」を私が心がけ始めたのは、この時です。子ども向け部署に移ってからは、ますますその重要性を痛感しています。

記事に限りません。後輩記者に注意したことがあります。職場の電話を「はい、毎日新聞です」と取っていたのです。外部からの電話は、①代表番号で交換手を通じてかかってくる、②職場の直通番号にかかってくる、の二通りあります。①の人の立場も考えれば「毎日新聞○○部です」と出るべきでしょう。

「新聞記者ってのはな、お客さま商売なんだ」。これは、初任地の上司の口癖でした。最近ようやく、その意味がほんの少し分かってきた気がします。

第八章　国境を越えて生かせるホスピタリティ・マインド

「国際化」とか「グローバル化」とか「グローカル化」（global + local 地球規模で展開して、同時に現地の実情にも適応させる）などという紋切り型の言葉が横行しています。「これらの意味をひと言で言ってみてください」と言われると、ほとんどの人がたじろいでしまいます。これらは〈概念〉でしかありませんから、単に言葉の定義を理解しているだけでは足りません。これらの概念を生かすには、それが実行されている様《さま》をよく観察し、実際に自分でやってみなければならないのです。それができなければ、役に立ちません。そして一度やってみれば、あとはやさしいことばかりです。ですから、何はともあれじっくり観察し、自分でもやってみましょう。そして、実行している時や、その後の周囲の反応を見たりして、成果にいたる過程や、成果の分析をおろそかにしないことです。そこから学べることはたくさんあるはずです。

世界各地の特色あるホスピタリティ

知ったかぶりをしないで積極的に学習しましょう。人は教わるよりも教えることに喜びややりがいを感じ取るものです。尋ねられるとうれしいものです。さかんに質問して教えてもらいましょう。これからご紹介する「サザン・ホスピタリティ」「アロハ・ホスピタリティ」「沖縄のホスピタリティ」などは実際に私が体験したり、現地の人やその地域になじみのある方々に聞いてみたものです。

サザン・ホスピタリティ

「サザン・ホスピタリティ」とはアメリカ南部に今でも根強く残っている、「人なつっこさ」「親切さ」「客人を暖かくもてなすこころ」などのことで、同じアメリカ人でも郷愁を感じる

〈こころ〉だと言います。実際にアメリカ南部にあるジョージア州の州都、アトランタへ行った時のことです。旅人ですから、地図を広げて道を確認していた時のことです。どこからともなくMay I help you?（お手伝いしましょうか）の声がかかりました。外国人に気を遣ってくれているのです。彼らは誰かが困っている状況を無視できないのです。そのこころの動きを「マインド」とか「ケア」と言います。バスに乗った時のことです。本に没頭していて降りようとしていたバス停を乗り越しそうになってしまいました。すると、見ず知らずの人が、「ここがあなたのバス停ですよ」と言ってくれたのです。それを「余計なお世話」とか「おせっかい」などと受け取るか、「ご親切に」と感謝の気持ちで受け取るかはもちろんその人の自由です。でも、こんな時には内心どう思っていても、笑顔で「ありがとう」と言うのが正解だと思います。ところが、私たち日本人にはこれがなかなかできないのです。

アロハ・ホスピタリティ

日本人にはすっかり有名になってしまったハワイのホスピタリティを「アロハ・ホスピタリティ」と言います。世界の観光地ハワイは、全州をあげて、この「アロハ・ホスピタリティ」

を大切にしています。ちなみにパソコンで「アロハ」を検索してみてください。インターネット上にも、「アロハ・ホスピタリティ」についての豊富な情報があります。ここに細部を記《しる》す紙面スペースの余裕はありませんが、以下は、ALOHA の文字を構成する五字は何を意味しているかの記述です。語呂合わせですが、面白いのでご覧ください。

A=Akahai（真心で表わされる親切）
L=Lōkahi（和のこころで表わされる連帯）
O=Olu'olu（心楽しさで表わされる快適さ）
H=Ha'aha'a（おごりや高ぶりのない謙虚さ）
A=Ahonui（不屈の精神で表わされる精神力）

これら「アロハ・ホスピタリティ」（言い換えれば、「アロハ・スピリット」）を今すぐに必要としている国が、身近なところにもあるのではないでしょうか。

沖縄のホスピタリティ

ハワイのついでに「日本のハワイ」と親しまれている沖縄にもふれてみましょう。沖縄の〈こころ〉は「美《ちゅ》らしま、清《ちゅ》らぢむ」（美しい島、美しいこころ）とも言われています。感性と自信が生む、感動の国でもあります。若いころに沖縄に駐在した私の思い出の中にも、鮮やかに残っている沖縄の〈こころ〉があります。「ゴーヤはブツブツを削って料理するのですか」という素朴な質問にも親切に答えてくれた人や、「ゴーヤはゴツゴツしているもののほうが売れるんです」と、自信に満ちあふれ、元気一杯に働いている女性たちのことは忘れられません。「自分たちの親兄弟がつくったものだと思うだけで力は入るけど、ちっとも疲れない」と頑張っている人もいました。次の文章は私の友人で新聞社に勤めるウチナーンチュ（沖縄の人）が教えてくれた、「オキナワン・ホスピタリティ」です。じっくりお読みください。

沖縄には「イチャリバチョウデー」という素晴らしい言葉があります。「一度出会った人はみんな兄弟だ」という意味です。初対面の人にも「イチャリバチョウデー」（これも何かのご縁、仲良くしましょう）などと使います。しかし、そういって美人（チュラカーギー）

の女性にしつこく迫るとビンタが飛んできますよ。

お互いが助け合う共同作業の「ユイマール」（助け合い）は少なくなりましたが、困っている人を助ける「ユイマールのこころ」は健在です。「ユイマール」を生かした「模合《もあい》」は盛んで、同級生や趣味仲間、隣近所の「親睦模合」が流行《はや》っています（「模合」とは、頼母子講《たのもしこう》、無尽《むじん》と同様のもので、毎回一定の金額を出し合い、集まったお金を一人ずつ順番に受け取っていくシステムのこと）。

また、沖縄では「オバー」（おばあさん）が元気です。オバーたちは、自宅に招いた人や訪ねてきた人に、あるだけのものを出し「カメー、カメー」（食べて、食べて）と勧めます。オバーたちのカメー攻撃はダイエット中の人には恐怖です。これは貧しい時代の名残なのかもしれません。そして、それらを支えているのは「ナンクルナイサ」（何とかなるさ）という「おおらかなこころ」なのです。

まさに、このおおらかな、そして美しい《ちゅら》〈こころ〉が、沖縄のホスピタリティと言えますね。

世界共通の「感性」

喜びも悲しみも、怒りや恐怖も、人のこころや感性は、国境を越えて共通です。共通の〈こころ〉の絆《きずな》をしっかりと結びましょう。外国人との交流を「面倒だ、厄介だ、うるさい……」などと避けてはなりません。むしろ、楽しいことと信じて、この作業と前向きに、マメに取り組むことが大切です。

前に述べた話ですが、ハワイ島が大地震に襲われたことを、テレビのニュースで知りました。ハワイには親しくしてきた何人かの友人がいます。「何かしてあげられないか」とふと思いました。この〈ふと思う〉ことが重要なのです。海外旅行をした時に使い残したドルが多少ありました。それほどの金額にはなりませんでしたが、思いきって送りました。

送りたくても、送り方がよくわからないという方もいるでしょう。こういう時には、現地でいちばん偉いと目される人に手紙をつけて送るのです。ハワイならば、ハワイ州の知事です。住所がわからないと気にする心配は要りません。州知事はハワイ州ホノルルにいますから、そこへ送ればいいのです。宛名は、Governor of Hawaii, Honolulu, Hawaii, USA でいいのです。

こういう時に、英語ができるといいですね。上手な英語は要りません。「おつらいことでしょう。心よりお察し致します。小額ですが、お金をお送りします。役立ててください」(You must have had a really hard time. Here, I'm sending you a small amount of money. Please accept it for some good use.) で十分なのです。和英辞書を使えばすぐに書ける英文です。ここでは、英語表現の上手下手の競争をしているのではありませんから、自分の〈こころ〉が表現できれば何の不足もありません。小銭は送れませんので、お札を封筒に入れて送りましょう。

送ってしばらくすると「ありがとう」と知事から感謝の返事が届きました。うれしいですね。しかも、その手紙に使われているのは知事専用の便箋、封筒などです。どこかの国みたいに手紙を送っても返事がない、返事があったとしても部下の代筆ということはありません。名前を呼ばれたら返事をする、手紙を受けたら返事をする、尋ねられたら答える、何かいいことをしていただいたら、「ありがとう」と言って感謝の気持ちを言葉で表わす……。こんな簡単なことがなぜできないのでしょうか。「一筆啓上」(drop a line) でいいのです。面倒がらずに「やってみなはれ」の精神です。

一九九五年の阪神・淡路大震災の時のことです。テキサスにいる私の友人から、さっそく見舞いの手紙が届きました。「大丈夫か。私たちにできることがあれば遠慮なく言ってくれ」と書いてきました。東京在住の日本人がこんな手紙をもらうと、「私の住んでいるところから神戸は遠いところだから、心配はいらないのになぁ。もし何かあったとしても、アメリカはうんと遠いところなのだから、そこから来てくれと助けを求めるわけにもいかないし……」などとまず考えてしまいがちです。しかし、そんなことは重要ではないし、真剣に考えるだけ無駄です。はるか遠く、テキサスにいるアメリカの友人が日本で発生した地震のニュースを聞いて、友人の安否を慮《おもんぱか》ってくれているという〈こころ〉を大切にし、「ありがとう」を返信しましょう。こういうことは、今、ファックスでもEメールでも簡単にできる時代になりました。それでもやらない人のほうが残念ながら多いのです。ここでも、「やってみなはれ」の精神です。

グッドニュースを皆が待っている！

楽しいこと、うれしいことはグッドニュースになります。積極的に広げましょう。グッドニュースを聞いて喜ばない人はいないはずです。赤ちゃんが生まれた、結婚した、賞をいただいた、ゴルフでホールインワンを達成した、晴れて社会人となった、昇進して責任を痛感している、退職して楽しみが増えた、孫が算数で満点を取った……などなど、すべて素晴らしい〈素材〉です。発信しましょう。すると、必ず返信があります。「便りのないのは良い知らせ」(No news is good news.) ではいけません。双方向のコミュニケーションを継続して行なうことが〈こころ〉と〈こころ〉の連帯を強めていくコツです。

〈こころ〉と〈こころ〉をつなぐ「マインド」

ホスピタリティのこころを生かすには「マインド」が重要な役割を果たすことを、何回もうるさいくらい、この本の中で述べてきました。次の例を自分の身に、そして相手の身になって考えてみてください。

アメリカで友人の誕生日会に招かれたとします。親しい友人同士が集まって、お祝いの宴《うたげ》を催すのですから楽しみです。招待側はかなり時間を取って事前に計画を練ります。招待状を送るのも楽しいですね。来られる方の姿や、同伴者をイメージしながら、またどんな話が聞けるだろうかと心待ちにしています。ところが、突如として風邪を引いてしまったら、どうしますか。「突然で大変失礼だけれど、今回は欠席とさせてください」と伝えますか。それとも、車で一時間以内だから、数分でも顔を見せて事情を話し、そして失礼するという方法をとりますか。日本人の場合は自分の立場を理解してもらい、欠席するという前者型が多く、アメリカでは相手の立場を察する後者型が多いと言われています。

実際、私の体験でも日本人は「風邪を引いてしまって、勝手ですけど、欠席させてください」とおっしゃる方が多いです。招待側は「それはいけませんね。お大事に」と応答します。ここまでは当たり前です。しかし、それですんだと思わないことです。招待側は、やはり落胆します。そして、一歩踏み込んで考えてしまいます。「本当に親しい友人ならば、風邪くらいたいしたことではないのだから、ちょっとだけでも顔を見せてくれてもいいのに。もしかすると、あの方たちは、私たちをあんまり好きではないのかも……」なんて最悪の印象を与えてしまうことがあるかもしれません。もしかすると次の誕生日のパーティに招かれなくなってしまうかもしれません。物事の判断は時と場合によるので難しいことなのですが、ポジティブ思考を持ってやってみると意外に簡単です。どうすれば素直でスムーズにできるか、何を優先すべきか、どうすれば相手が喜ぶか、の視点で即座に判断して実行すればよいのです。ここでも「やってみなはれ」の精神です。

国境を越えて〈こころ〉と〈こころ〉をつなぐと、世界が広くなります。世界観が変わってきます。率直な、表現豊かな、飾らない言葉を話す、そして耳を傾ける、礼儀やマナーを怠らない、面倒くさがらない、といったことを実行すれば、必ず共感を呼べるコミュニケーションができるようになります。それには、ダンマリや沈黙はタブーです。沈黙は無視、嫌悪、拒否などのネガティブな印象を与えてしまいます。発言をしましょう。にぎやかにしましょう。時には無駄口もたたきましょう。そのためには最低限の決まり文句や表現を憶えておくことが大切です。喜びや励ましの表現、季節（時候）の表現、お悔やみの表現、依頼の表現などです。こういった有効な無駄口たたきを英語ではスモール・トークと言います。このようなやり取りを通して、スムーズなコミュニケーションが生まれ、ホスピタリティの〈こころ〉がマインドに乗って踊りだすのです。

短い話を長くする！

二十一世紀はにぎやかな世紀で、コミュニケーション下手にとっては生きにくい時代です。発信マメにならなければなりません。そして、発信された情報に対して、受け入れやすく、聞きやすい対応をしなければなりません。例えば、「いかがお過ごしですか」という挨拶に対して、「おかげさまで、元気にやっています」だけでは足りません。どのように元気なのか、その理由を説明して、相手との一体感を形成しなければ次に進めません。その上に、「ご家族の方はいかがですか」と聞いてみてください。そこから、〈驚き〉が始まるかもしれませんよ。相手が欧米人なら、「よくぞ聞いてくださいました。ならば、お話させていただきましょう！」と大喜びして（これもマインドです）、Ａ４サイズの紙二枚相当量の家族情報を開示してくれることがあります。それが彼らのホスピタリティなのです。仕事のこと、最近の出来事、妻や夫のこと、子供のこと、自分の将来構想などいくらでも話してくれます。

日本人の私たちは、なるべく家族のことは控えめにと決めていますから、家族情報は小出しにする傾向があります。ここで文化の小競り合いが発生します。ならば、私たちも家族情報くらいは自由に開示するくせをつけても良いのではないかと思います。せめて、家族の写真くらいは持っていないと「国際化」「グローバル化」の波に乗っていけません。結婚記念日も覚えていない、子供の担任の先生の名前も知らない、子供が大学で何を専攻しているかも知らない、居間のカーテンはいつ買ったかも覚えていない……など、知らないずくめでは国境を越えた友人は寄ってきません。これからの世界でのコミュニケーションは「短い話を長くする」(make a short story long) 術《すべ》を身につけることを私たち日本人に要請しています。

経済観念とホスピタリティ・マインド

お金の話はなるべくしないのが私たちの美徳のひとつです。仕事の話の中でも、お金についての言及は最後になります。ところが、欧米では「これからご提案する仕事は○○万ドル規模のものです」と切り出すのです。しかし、私たちは細かい提案内容をすべて網羅した後に、「この仕事にかかる費用は……」と続けます。相手をできるだけ安心させよう、不安がらせないようにしておこうという配慮から、金銭のことについて直接的な言及を避ける傾向があるのです。そういう環境に慣れている日本人は、とかく金銭に関わる案件を隠しがちです。「計算高い」と見られたくない、「ケチ」だと思われたくない、「細かい」と見られたくないなど、非人間的要素はなるべく後回しにしたいという感情が先行します。この心遣いがしばしばウラ目に出ることがあります。

仕事の見積書の内訳でも同じことです。彼らは内訳をよく見ます。そして、原価と売値を比べて儲けの低い項目に注目します。赤字はもってのほかです。赤字ならば、その理由の説明を求めます。特に、儲けの低い人たちの仕事のやりがいを問題視するのです。適正な儲けを確保している仕事は、関係者の満足感を確保できますが、損を出すような仕事は、当事者にやる気を起こさせないから避けるべきだ、という考え方です。言われてみればその通りですが、ドンブリ勘定に慣れている私たちには、まだなじまない考え方です。

家計のうち、「毎月○万円の余裕をつくる」と決めている方はどれほどいらっしゃるでしょうか。欧米ではそれが普通だというのです。予定通りに生活して、余裕ができたお金で、いろいろな意義ある生活プランができるというのです。例えば、外国人の学生のホームステイを受け入れようとか、どこかへ長期の旅行に出かけようといった計画です。しかし、お世話しているホームステイの学生が、ふとしたことで予想外の行動をして、余計なコストがかかると、その学生を追い出してしまいます。余裕の中で快適な時間が過ごせるうちはホスピタリティが最高のレベルにあるのですが、余裕が損なわれるとホスピタリティは、最低のレベルに落ちることになります。ホスピタリティというこころの在り方は、「注意」（マインド）して生かす人と、その受益者との間のバランスがきわめて重要であることがわかります。

日本文化とホスピタリティ

日本文化は身内文化とか、紐帯《ちゅうたい》文化（地縁、血縁などを重視する）、島国文化などと言われるように、あまり開放されていない文化です。しかしながらこれまで、ビジネスで海外からお客様を迎える時には、それなりに無難に対応してきました。間に合わせ的であったかもしれませんが、おおむね成功してきたと言えるでしょう。しかし、失敗してしまう例ももちろんあります。思いやりや協調精神が欠如している例です。

彼らが海外から日本にやってくるのは、ちゃんとした目的や目標を設定してのことです。それらが果たせないと感じると、成果がなくても、すぐに帰ってしまいます。実際失礼な話ですが、彼らを撃退する有効な方法があります。彼らは商機拡大のためにさかんに提案をします。そのような時に、提案を受ける側が、「それはアメリカの例であり、日本はアメリカと違うのです」と言って始めから消極的に対応し、続けて「日本では」、「日本では」……と言って日本の特殊性を強調するのです。すると、それをじっと聞いていた海外からのお客様はついに席を立って、帰り支度《じたく》を始めます。身内の日本人からの提案には我慢してでも耳を貸すのですが、よそ者には in Japan（日本では）を連発して撃退するのです。これではホスピタリティ・マインドも絵空事になってしまいます。

日本では、身内や昵懇《じっこん》の間柄の人たちとこころを通わせる手段に、冠婚葬祭のお金の使い方があります。これは特定の相手に対する金銭の贈与です。欧米でよく見られるチャリティは、不特定の相手に対する金銭の贈与です。ここにもホスピタリティ・マインドの違いが見られます。これからは、日本風と欧米風のスタイルをミックスすることが望ましいと思われます。

それにしても、欧米人はいつも小銭を集めています。会合をすれば、会の終わりに小銭を拠出《きょしゅつ》するのです。「ちりも積もれば山となる」のたとえ通り、小銭といっても、会の運営に必要な通信費などはこれがあれば大助かりです。いい習慣は、海外を大いにマネましょう。

また、日本人のハートとマインドについても、海外にどんどん発信してなじんでもらいましょう。例えば、日本のおみやげ文化です。イギリス人は「私たちは、日本の友人たちの、おみやげ選びに費やす時間と頭脳には敬意を表したい。イギリスも日本のようなギフト哲学が必要である」と言っているくらいです。

日本人	欧米人
外圧社会	内圧社会
他人依存	自己依存
自己反省と批判が好き	自己主張と弁護、外向き
長期妥協型	短期即決型
伝統的、行儀作法重視	現代的、マナー志向
前置きが長い	単刀直入
小声で話す	大声で話す
話そうと努力しない	話せばわかると努める
仕事しないのがレジャー	仕事もするレジャー
以心伝心	言わねばわからない
議論を切実に受け取る	議論はゲーム感覚で
話し上手で聞き下手	話し上手で聞き上手
自分について無防備	ひたすら自分を守る
褒め下手、褒められ下手	褒め上手、褒められ上手
受信志向	発信と受信両志向
古い国の人たち	新しい国の人たち
人種ミックスに不安	人種ミックスは当たり前
「何になるか」志向	「何をやるか」志向
「私たち」志向	「私」志向
玉虫色でいい	白黒をはっきりさせる
やんわりやる	急所を攻めたてる
「勘」主導	「データ」主導
あらかじめ決めて取引	議論をつくして取引
相手の目線を避ける	相手の目線を外さない
まず考える	まず言葉にする
相手志向	自分志向
相手を慮る	独立独歩
意思決定に時間をかける	果断な意思決定
喫煙者が多い	喫煙者は少数派
「ハイ」は「イイエ」の場合も	「ハイ」は「ハイ」
稟議主義	上意下達
はじめに友人関係樹立	仕事先行
受注志向	提案志向
フォーマル（正装）志向	カジュアル（普段着）志向
子供に甘い	子供に厳しい
低移動性	高移動性
口でおせっかい	行動でおせっかい
よく謝る	なかなか謝らない

（続く）

〈日本人と欧米人の特性比較〉-1

日本人	欧米人
同種・同質	異種・異質
グループ志向	個人志向
調和を尊ぶ	闘争を辞さず
階級志向	平等志向
曖昧	明快
非論理的	論理的
肩に力の入ったもてなし	軽やかに、もてなし上手
総論的、概括的	各論的
柔軟性に富む	硬直的
口約束	文書による約束
まわりくどい	きっぱり、直截的
億劫がる、面倒くさがり	マメマメしい、おせっかい
ボランティア的ではない	すすんでボランティア志向
暗黙の了解	はっきりさせる
無口	饒舌、おしゃべり
形式重視	ざっくばらん
感情を殺す	感情をむき出しにする
手続き志向	目的・目標志向
きちんとやれ！	早くやれ！
アポイントメント抜き	アポイントメント必須
まとめてやる	やれることからやる
ひたすら早メシ（牛丼、駅そばなど）	メシより話
ものわかりがいい、寛容	頑固、しつこい
時間は時間でしかない	時間は金
付き合いで親切	根っから親切
筆不精	筆マメ
忘れっぽい	なかなか忘れない
内向的	外向的
「面白いですね」で終わる	「もっと聞かせろ」と迫る
「仕事抜き」が好き	「仕事をしながら」が普通
待たせるな、お客を失う	待っても、待たせても平気
駄洒落志向	ユーモア、ジョーク志向
長い話を「短く」する	短い話を「長く」する
電話で仕事の会話は失礼	電話で仕事の会話は常識
質問の前に自問自答	指名されたあと質問を考える
非論理的否定	論理的否定
農業社会	狩猟社会
消費者（生活者）軽視	消費者（生活者）重視

日本人	欧米人
謙虚	傲慢
形式志向	内容志向
話し掛けられるのを待つ	自分から話し掛ける
本音と建前	本音のみ
器用	不器用
書斎派	社交家
休日を友人と過ごす	休日を家族と過ごす
短所を叱る	長所を褒める
休日も仕事	休日は休む
流行に敏感	流行に鈍感
自国の文化にうとい	自国の文化に詳しい
自己抑制	自己主張
衝突を回避	衝突は当然
進んで提案しない	ダメもと
見た目で判断	話して判断
おみやげを熱心に買う	おみやげ感覚がない
演繹的	帰納的
敗者の美学	勝者の美学
記録より記憶	記憶より記録
就社	就職
終身雇用	転職主義
内部昇進	転職昇進
全人格評価	能力主義
共同体的な柔軟性	機能・契約的な組織形態
相対的権限	絶対的・明示的権限
全員参加のコンセンサス	トップダウン的意思決定

＊ご自分で追加してください。

〈日本人と欧米人の特性比較〉-2

日本人	欧米人
同じダンスを踊る	ダンスで自分を表現する
プライベートが好き	プライベートを意識しない
静かに先生の講義を聴く	大いに議論をする場が教室
一方的レクチャー	双方向の質疑応答重視
無理をする	無理をしない
なかなか「サンキュー」が出ない	「サンキュー」がすぐ出る
照れる	照れない
すぐにカラオケへ	ウタより話
相手の名前が覚えられない	相手の名前をすぐ覚える
理解できないと笑ってごまかす	戸惑いの表情を見せる
文書の形より中身重視	まず形、そして中身
質問下手	質問上手
ハラスメント軽視	ハラスメントを常時意識
言行不一致	言行一致
「難しい」ことはできないこと	難しいから挑戦しよう
ゼネラリスト	スペシャリスト
出された料理をそのまま食べる	最後の味付けを自分でする
お客に話しかけない	お客に話しかける
時間に正確	時間にルーズ
歴史に興味を持たない	歴史に興味を持つ
すぐ自分で調べる	すぐ他人に聞く
目的意識が低い	目的意識が高い
アクションが小さい	アクションが大きい
あきらめが早い	なかなかあきらめない
外国人に慣れていない	外国人に慣れている
場をわきまえる	場をわきまえない
等身大	見栄っ張り
万事に弱気	万事に強気
人見知りする	人見知りしない
勉強好き	遊び好き
周りを気にする	自己中心主義
失敗を怖がる	失敗を恐れない
与えられた仕事をする	仕事は自分で探す
慎重	即行動
控え目	おおげさ
模倣的	独創的、オリジナリティ重視
価値享受型	価値押付型
問題隠蔽	問題開示

異文化コミュニケーションで学んだホスピタリティ

澤の屋旅館 館主
澤 功

澤の屋旅館が外国からのお客様をお迎えするようになってから、ほぼ二十五年の月日が経ちました。その間、たくさんの海外からのお客様のお世話をさせていただきました。これはまるで生きた異文化コミュニケーションの実体験でした。それは私と私の家族にとっても、初めて見て聞いて、驚き、喜んだ、新しい世界との触れ合いでした。

私はもともと銀行員で旅館の仕事は気苦労の多いものでした。始めはお客様に対するサービスについてどうすればいいか悩みました。しかし、外国からのお客様をお世話し始めてから、毎日が忙しい日の連続ですが、そんなに疲れないことに気付きました。

澤の屋旅館にお泊りいただいたお客様からは、たくさんのお礼状が届きます。そこには「サンキュー」「カインドネス」「ホスピタリティ」など心温まる言葉があふれているのです。これらは私たちにとって思いがけない大きな喜びであり、励ましの応援歌みたいなものです。特に欧米人は褒め上手です。「グッド」「パーフェクト」などたくさんの褒め言葉をいただきます。そして、リピーターになってくれたり、お友だちを紹介してくれたり、澤の屋旅館はまるでお客様に商いをさせてもらっているかのようです。

外国のお客様と一緒にシェアしてきた文化や習慣の違いは、私たちにとって「未知との遭遇」でした。けれど、この体験から、文化や習慣の「違い」は決して「いい」「悪い」ではないということ、むしろその「違い」を、大いに楽しむべきであることを日々痛感することになりました。

外国のお客様から、旅の楽しみ方を教わり、ならば私たちも同じようなことができるのではないかと思うようになって、この頃は澤の屋旅館にお泊りいただいたお客様の国々へ、家内と一緒に旅をするという喜びを味わっています。

第九章 これからのホスピタリティ

「マニュアル・プラス」のホスピタリティ

日本におけるホスピタリティの将来は、正直な話、決して明るくはありません。かつての日本人の生活には豊かな「笑い」がありました。笑いを大事にしました。日本語には、笑いくずれる、笑いこける、笑い転《ころ》げる、笑いさざめく、笑い上戸《じょうご》……など、挙げていけばきりがないほど、「笑い」に関する慣用表現が豊かにあります。にもかかわらず、今日、私たちの周辺から「笑い」が消えつつあります。その危機感（？）からか、ＮＰＯ法人「笑いと幸せ研究所」のような組織さえ作られているほどです。「健全な『笑い』が消えつつあるのはライフスタイルの変化に起因する」などという、短絡的な分析ではまったく説得力がありません。実は、私たちの〈こころ〉が変形してしまったのです。「変形」ですから、元に直しようがあるようにも思えますが、果たしてできるのでしょうか。

まず、前述のホスピタリティ・コミュニケーションを意識する必要があります。しっかりと、何度でも知らせる、実際にやってみる、またはやって見せるということをしなければ、相互間の理解や協調を取り付けるのは不可能です。「相手の身になって……」などと説明されても、具体的にどう行動すればよいのかわかりません。ですから、各種サービスを提供するところでは、「マニュアル」という上意下達《じょういかたつ》的指示方法を取ろうとするのです。しかし、皮肉なことに「マニュアル」の徹底は〈非人間化〉にもつながります。人が「快適」を感じ取る時の要件である「自然さ」や「素直さ」がなくなり、むしろ「人工的な」空気が漂います。そこで必要なのが「マニュアル・プラス」なのです。これがホスピタリティの〈こころ〉であり、それを具現化するのが、〈マインド〉です。

では、ホスピタリティ・マインドが実践されると、私たちの生活環境は良くなるのでしょうか。答えは「イエス」です。しかし、昔からの日本人のこころを懐《なつ》かしみ、かつてのままの蘇生を願うだけではいけません。新しい環境の中で、「ホスピタリティ・マインド」が新時代の要請に合致するよう、創意工夫を凝らす必要があります。そうして初めて、進歩や改善があるのです。

教育現場からホスピタリティを展望すると

現実をよく観察してみましょう。私たちにとって、「今日は昨日よりも良く、明日は今日よりも良く」生きるのが理想です。しかし、それがかなわない時にストレスが発生します。一般に、このストレスを社会のせいにする傾向がありますが、自分もその社会の一員であるという意識を持つことによって、ストレスの軽減は多少なりとも実現できるはずです。それには、一人ひとりが、「市民意識」を醸成させることが大切です。そして、ここで重要なのが「教育」です。教育の効果は大変大きいですから、現場で使われる言葉には十分注意を払う必要があります。

例えば、学力偏重です。そもそも、「学力」とは何なのでしょうか。曖昧《あいまい》で個人的な答えしか出てきません。ですから、「学力を増強しよう」などと言っても、明確な行動ができないのです。言葉の意味を正確に、明確に捉えて、その意味に沿った言動をすることが、この世界に生きる各人のストレス軽減のコツであります。

アメリカでは「学力」（academic ability）という言葉が日本のように頻繁には使われず、代わりに「知力」（mentality メンタリティ）を使うことが多いようです。人間が成長していく各段階において、それなりの「知性」や「思考力」「知力」が要求されるのです。「知力」と「学力」では違います。「知力」は知恵の働きであり、学力は学習によって得られた知識・能力なのです。日本の教育も「学力」（知識・能力）を偏重するだけでなく、生徒が「知性」（精神的機能）を身につけられるように、改革する必要があると思います。

私は、大学を卒業後、広告業の世界に職を得ました。そして、広告の本家、アメリカの広告を一生懸命に勉強しました。その時に、「広告で使われる文章や言葉は十三歳のメンタリティを標準にするべきだ。そのレベルの難易度の表現や言葉が一般的に最もよく理解される」というのがアメリカの広告業界の常識のひとつであることを知りました。私は今でも、こういう考え方には説得力があるなぁと感じ入っています。

高等学校を講演などで訪ねることがよくあります。どこの高校にも高邁《こうまい》な教育目標や教育方針があります。その一例を以下に挙げてみましょう。多くの高校に共通する、教育方針、教育目標です。

〈教育目標〉
中学校における教育の基礎の上に、心身の発達に応じて高等普通教育を施し、知・徳・体が調和して、誠実で自主的な実践力のある人間を育成する

〈教育方針〉
学力の向上　毎日の授業を大切に、積極的な学習習慣を養う
体力の充実　自ら進んで体力増進に努め、スポーツに親しむ態度を養う
個性の伸長　個性を伸ばす、その能力を最大限に発揮させる
自立性の寛容　社会のルールを守り、責任を重んじ、正しい判断力と行動力を培う
郷土愛の育成　歴史・風土の理解を通して、自然と文化を愛する精神を育てる

これらの文言をどのように読んでみても、「人間愛」にふれていませんね。これでは、若いうちから「人間好き」になって欲しいと期待しても難しいでしょう。人間好きになることで、やさしさや慈《いつく》しみ、お互いを思いやる感性が醸成されるのです。「人間愛」については、より教育現場で強調していただきたいと思います。学校が社会のルールを本当に理解させようとか、叱る時にはしっかり叱ろうという基本姿勢を放棄しているかぎり、「ホスピタリティ・マインド」の実践など所詮はかなわない望みでしかないでしょう。

また、校舎のいたるところに、「挨拶励行」「エチケット、マナーを守りましょう」などという張り紙やポスターが目に付くことは前にも述べました。これはあまり美しい光景ではありません。基本的な挨拶やマナーができていないということを証明してしまっているからです。講演にでかけると、教室に掲げてある絵画の額が曲がっていたり、黒板がきれいに拭いていなかったり、壁の張り紙がきちんとしていないというところに、つい目がいってしまいます。生徒に自分たちが住んでいる市や町の人口、名産物や観光名所の説明を求めても、「知りません」と言われることがほとんどです。外部からのお客には、教室をきれいにして迎えたり、自分たちの地域のことを積極的に話したりするとコミュニケーションがうまくいくのですが、そういう知識や指導はあまり身についていないようです。「知識は富の源泉」とも言いますから、「私は知りません」では損をすることになるかもしれませんよ。知っているからこそ、その知識にホスピタリティのこころが宿り、自信がつき、外部の人や、初対面の人の前でも誇りを持って行動が起こせるのです。これは決して難しいことではありません。
かつてスウェーデンの中学校の教科書に載り、日本でも評判になった「子ども」という詩があります。教育問題について示唆に富んでいると思いますので、以下に引用してご参考に供します。

「子ども」

ドロシー・ロー・ノルト

批判ばかりされた　子どもは
非難することを　おぼえる

殴られて大きくなった　子どもは
力にたよることを　おぼえる
笑いものにされた　子どもは
ものを言わずにいることを　おぼえる
皮肉にさらされた　子どもは
鈍い良心の　もちぬしとなる

しかし、激励をうけた　子どもは
自信を　おぼえる

寛容にであった　子どもは
忍耐を　おぼえる
賞賛をうけた　子どもは
評価することを　おぼえる
フェアプレーを経験した　子どもは
公正を　おぼえる
友情を知る　子どもは
親切を　おぼえる
安心を経験した　子どもは
信頼を　おぼえる

可愛がられ　抱きしめられた　子どもは
世界中の愛情を　感じとることを　おぼえる
（アーネ・リンドクウィスト　ヤン・ウェステル著　川上邦夫訳『あなた自身の社会』新評論刊より）

ノーブレス・オブリージュ、そして日本の美徳

言葉を大切にしましょう。言ったら実行しましょう。有言実行です。約束は果たしましょう。嘘《うそ》はタブーです。人間は完璧ではありませんから、間違いや誤解をします。しかし、間違いや誤解が生じたら、可及的《かきゅうてき》すみやかに修正しましょう。自分の表情、身振り手振りや言葉遣いにも細かい注意を払いましょう。簡単に「説明責任」とか、「任命責任」とか言うことはやめましょう。それなりの責任ある地位におられる方は、ノーブレス・オブリージュ（noblesse oblige 高い身分に伴う［徳義上の］義務）を言動で示すのは当たり前のことです。地位のあ

る方は、自分以外の人々に対して特別な義務を負うからこそ、その地位（ステータス）にいるという認識を忘れないようにしましょう。

日本には「恥をよしとしない文化」がありました。侍《さむらい》の文化です。しかし、今や世界の評価を得てきたその文化は消えかかり、単なる観光資源になりつつあります。巷《ちまた》に蔓延している「自分には寛容で、他人にきびしい」風潮も変えなければなりません。

日本人の美徳はある意味で「保守的」であることでした。日本語もそうです。おとなしい文化なのです。言わなくとも、先頭を切らなくても、でしゃばらなくとも、自慢しなくとも、相手に伝わる文化でした。これが奥ゆかしい、きめ細か、機転が利く、などと評価されたのです。『美と礼節の絆』（ＮＴＴ出版）の著者、池上英子氏は同書のあとがきで「母と、その今はなき二人の姉妹（中略）は戦中戦後を生き抜いた世代だったが、生き難い生活の中でも茶道や生け花など、生活の中に美を取り入れることをごく自然に身に着けていた。この本をその意味で、生活に一生懸命でありながら、それでもさまざまな形で暮らしを美しいものにしようと努力し、またそこに楽しみと社交の道を見出してきた無数の人々の歴史へのトリビュートとしたい」と述べておられます。従来の日本の美徳がよく表わされていますね。

「美徳」とは懸命に努力すれば自然に身につくものです。いい人と付き合い、いい言葉にふれ、いい環境に身をおき、厳しさに耐え、慈愛に喜びを見いだし、美しいものを見て自分の感性を磨き、相手の笑顔をわがこころに映し、自らも笑顔を忘れず、腰を低く、上質の笑いでこころの緊張を解き、……そうしているうちに、人の品格や品性はできていくものです。しかし、人と人とが相調和して生きていく時に当たり前のこういう言動や所作が、現代の日本人にとっては単なる過去の情景でしかないとしたら、こんなに悲しいことはありません。従来の美徳のうち、良いところは生かして、新しい「ホスピタリティ・コミュニケーション」につなげたいものです。

コミュニケーションの基本に戻ろう

人と人とのこころをつなぐ有効な手段は実にコミュニケーションです。人とは、五感と脳があって、言語を駆使した発信・受信ができる生き物です。それらを総動員して人間相互間の理解を深めていきましょう。ビジネスの場面でも、企業は人の集合体ですから、信頼を勝ち取るのはコミュニケーションの力です。良いことは大きな声で発信し、悪いことは悪化する前に改善、修正、廃棄することです。

CSR（企業の社会的責任）が喧伝されて、企業の広報目的が変わったと分析する有識者がいます。すなわち、今までは「わが社の製品を買ってください」（buy me）というアプローチだったのが、「わが社を好きになってください」（love me）というアプローチをする時代になったというのです。しかし、いくらlove meなどと連呼してみたところで、企業イメージがそんなに簡単に変わるはずはありません。日ごろの経営努力、経営信念の構築、社員教育（特に感性）、環境の保全、改善などの積み重ねが不可欠です。目新しい言葉をひとり歩きさせることで、何かを変革していると思いがちですが、とても危険なことです。二十一世紀は「広報」の社会、「広聴」の社会です。企業も人も率直に「モノを申し」、マメに「モノを聴く」ことで成功するのです。

成熟した社会に生きる人々は「探し上手」になります。本物を探すのです。半端なものと本物の識別能力が磨かれます。簡単にだまされなくなります。今まで外にだけ向けていたエネルギーが、こころの内にも向けられます。頭脳がいっそう活性化されますから、良いことに対しても、悪いことに対しても今まで以上に敏感になります。そして、それが無駄な行動の抑止力として働きます。そのような社会基盤の上で、人と人とを結び付ける絆《きずな》としての働きをするのが「ホスピタリティ」であり、それを実践に導くのが「マインド」なのです。

日本は、今日、残念ながらとても脆弱《ぜいじゃく》な国になってしまいました。いつも「問われる」ばかりなのです。「問われる日本外交」「問われる日本の政治」「問われる日本経済」「問われる内閣指導力」「問われる国際競争力」などなど、際限がありません。問われるということは疑念や曖昧《あいまい》さや不完全さがあるということです。そして、ついには「問われる日本人のホスピタリティ・マインド」ということにならないように、一人ひとりが責任と義務を果たしていかなければなりません。いいかげんではダメなのです。

世の中は変わりました。国際化、学際化、業際化の時代は進む一方です。それに輪をかけてＩＴ（情報技術）の波が押し寄せています。そんな中で、無責任に明るい展望を述べるようなことはできません。それは私たち一人ひとりの決意にかかっているのです。挨拶を欠かさない、手紙をもらったら返事をする、親切にしていただいたら、「ありがとう」を言う、他人の身体に少しでも触れたり、邪魔になったりしたら、「失礼」とか「ごめんなさい」を即座に言葉にして言う、「借り」をつくったらできるだけ早く返す、時には相手の身を案じる。このくらいのことは意識してやっていただきたいと思います。基本に戻って、意識して行動するのです。一人ひとりのそうした意識が重なりあって、日本人の〈こころ〉の停滞と閉塞状況を打破できる、そういう未来を期待したいと思います。また、それは少しも無理な話ではないと私は確信しています。

ホスピタリティ関連参考文献

ホスピタリティの理論

『ホスピタリティ・マネジメント――ポスト・サービス社会の経営』（服部勝人著、丸善、一九九六年）
『ホスピタリティ――サービスの原点』（力石寛夫著、商業界、一九九七年）
『ホスピタリティ産業経営』（トム・パワーズ著、佐藤英樹・金田誠訳、弘学出版、一九九九年）
『感動を創るホスピタリティ』（橋本保雄著、ゴマブックス、二〇〇一年）
『ホスピタリティマネジメント――サービス競争力を高める理論とケーススタディ』（中村清・山口祐司共著、生産性出版、二〇〇二年）
『ホスピタリティ学原論』（服部勝人著、内外出版、二〇〇四年）
『ホスピタリティ・マネジメント入門』（服部勝人著、丸善、二〇〇四年）
『ホスピタリティ・リーダーシップ』（吉原敬典著、白桃書房、二〇〇五年）
『ホスピタリティ・マネジメント学原論――新概念としてのフレームワーク』（服部勝人著、丸善、二〇〇六年）

『ホスピタリティ入門——基礎編』（NPO法人日本ホスピタリティ推進協会教育機構、二〇〇七年）

ホスピタリティの実践

『真実の瞬間——SAS（スカンジナビア航空）のサービス戦略はなぜ成功したか』（ヤン・カールソン著、堤猶二訳、ダイヤモンド社、一九九〇年）
『サービスが伝説になる時——「顧客満足」はリーダーシップで決まる』（ベッツィ・サンダース著、和田正春訳、ダイヤモンド社、一九九六年）
『お客に好かれる会社をめざす イラスト版——社長24人に聞く顧客創造経営』（大歳昌彦著、日本経済新聞社、一九九七年）
『わたしはコンシェルジュ——「けっしてNOとは言えない」職業』（阿部佳著、講談社、二〇〇一年）
『リッツ・カールトンで学んだ仕事でいちばん大事なこと』（林田正光著、あさ出版、二〇〇四年）
『ディズニーランドの「ホスピタリティ」はここが違う——お客様を感動させるホスピタリティ・ビジネスの原点』（小松田勝著、経林書房、二〇〇四年）
『リッツ・カールトンが大切にする サービスを超える瞬間』（高野登著、かんき出版、二〇〇五年）

『帝国ホテル　伝統のおもてなし』（川名幸夫著、帝国ホテル　ホテル事業統括部監修、日本能率協会マネジメントセンター、二〇〇六年）
『ようこそ旅館奮戦記』（澤功著、日本観光旅館連盟、二〇〇六年）

コミュニケーション論

『きき方の理論——続・話しことばの科学』（斎藤美津子著、サイマル出版会、一九七二年）
『外国人とのコミュニケーション』（J・V・ネウストプニー著、岩波新書、一九八二年）
『頭を使ったホウ（報告）・レン（連絡）・ソウ（相談）——ひと味ちがう報・連・相のコツ』（今井繁之著、日本実業出版社、一九九八年）
『英語でビジネス交渉！』（石川英夫著、研究社、一九九九年）
『異文化理解』（青木保著、岩波新書、二〇〇一年）
『こころの作法——生への構え、死への構え』（山折哲雄著、中公新書、二〇〇二年）
『ケータイを持ったサル——「人間らしさ」の崩壊』（正高信男著、中公新書、二〇〇三年）
『目くばり　心くばり　気ばたらき』（塩月弥栄子・橋本保雄共著、光文社、二〇〇四年）

その他

『学問のすゝめ――人は、学び続けなければならない』（福沢諭吉著、檜谷昭彦現代語訳、三笠書房、二〇〇一年）
『木を見る西洋人　森を見る東洋人　思考の違いはいかにして生まれるか』（リチャード・Ｅ・ニスベット著、村本由紀子訳、ダイヤモンド社、二〇〇四年）
『美と礼節の絆　日本における交際文化の政治的起源』（池上英子著、ＮＴＴ出版、二〇〇五年）
『身につけよう！　江戸しぐさ』（越川禮子著、ＫＫロングセラーズ、二〇〇六年）
『なんとなく、日本人――世界に通用する強さの秘密』（小笠原泰著、ＰＨＰ新書、二〇〇六年）

海外文献

Professionally Speaking: Getting Ahead in Business and Life Through Effective Communicating By Lilyan Wilder Simon & Schuster (1986).
Getting Together: Building Relationships As We Negotiate By Roger Fisher & Scott Brown Penguin USA (1989).

ホスピタリティ関連団体

本協会は、常時会員募集中です。ホスピタリティのプロを目指す多くの方々に、ご入会をお勧めします。

さらに詳しい情報をお知りになりたい方は、ホームページをご覧ください。

特定非営利活動法人（NPO）日本ホスピタリティ推進協会

Japan Hospitality Movement Association (JHMA)
TEL 03-3591-3545　FAX 03-3591-3546
E-mail jhma@abeam.ocn.ne.jp　URL http://www.hospitality-jhma.org
理事長　柿澤弘治（元外務大臣）

目的

本会はホスピタリティに関する調査研究を通じて、学術的進歩を図り、産業振興及びその普及啓発を行なうことにより、人、組織の活性化及び地域環境の健全なる発展と人類の平和に寄与することを目的としています。

事業内容

(1)会員の研究促進を目的とするフォーラム、研究会、研修会、講演会、国際シンポジウム等の開催
(2)共同調査研究、受託調査研究及び視察会の実施
(3)機関紙及び会報の発行
(4)ホスピタリティ教育の実践・研究・講師派遣
(5)出版物の刊行
(6)内外の関係諸団体との交流及び協力
(7)子供の健全育成を図る活動への協力
(8)自然環境保護にかかわる環境の保全を図る活動に関する事業
(9)里山里村活動を通して大地とのまじわりを行なう事業
(10)その他本会の目的を達成するために必要な事業

資格認定

協会事業の一環である「教育機構」を通じて「ホスピタリティ・コーディネータ（ＨＣ）」及び「アシスタント・ホスピタリティ・コーディネータ（ＡＨＣ）」資格認定講座を定期的に開催して、ホスピタリティの理論と実践に関するプロの養成に当たっている。

著者略歴

石川英夫（いしかわ・ひでお）

埼玉県出身。埼玉県立春日部高等学校から早稲田大学第一文学部英文科へ。在学中に運輸大臣施行通訳案内業（英語による通訳案内士）国家試験に合格。1958 年博報堂入社。沖縄駐在員事務所長（2 年間）、社費による海外留学資格取得試験に合格（第一期生）、ニューヨーク駐在員事務所長（4 年間）、海外ネットワーク局長、統合本部主査兼（株）プレスティージ・プロダクツ・プロモーション（PPP）代表取締役社長、アジア太平洋観光協会（PATA）日本支部理事、PATA 財団評議員、役員待遇（国際担当）、常勤顧問などを経て 2000 年 2 月退職。城西大学女子短期大学部専任教授、日本大学商学部及び通信教育部・明治大学経営学部・茨城大学人文学部及び大学院・大妻女子大学文学部・早稲田大学大学院公共経営研究科・島根県立大学総合政策学部などの非常勤講師を歴任。現在、異文化間ビジネスコンサルタント、NPO 法人日本ホスピタリティ推進協会顧問、日本産業広告アカデミーメンバー、日英言語文化学会評議員。

所属団体：NPO法人日本ホスピタリティ推進協会、日本ホスピタリティ・マネジメント学会、日本観光通訳協会、日本外国特派員協会、日本産業広告協会、日英言語文化学会

著書：『ニューヨーク・ビジネスライフ』（ジャパンタイムズ）、『商業英語』（日本大学通信教育部）、『商談・交渉の英語』（ジャパンタイムズ）、『英語でビジネス交渉!』（研究社、電子書籍版あり）

特記事項：
・1980 年モスクワ五輪の表章等の商品化権取得交渉のため博報堂を代表して訪ソ 9 回、その権利を獲得する
・1984 年ロンドンのラジオ局（LBC）のビジネスニュースにゲスト出演
・米国ナンバーワンビール Budweiser の日本市場参入プロジェクトに博報堂チームのリーダーとして関わる（社長賞受賞）
・広告、マーケティング、観光、コミュニケーションに関わる内外の国際会議に高頻度で議長、講演者、プレゼンターおよびパネリストとして参加、多数の講演やレクチャーを行なう
・ジェトロ（日本貿易振興機構）の「有識者派遣プログラム」により 6 回にわたり（80 年代）北米及び中南米各国の企業、大学、商工会議所を回り、輸出入市場としての日本の魅力と可能性を訴える
・太平洋アジア観光協会（PATA）日本支部理事として日本観光業界を代表して高頻度で国際会議に参加
・異文化コミュニケーション及び国際観光スペシャリストとして世界各地で講演多数

ホスピタリティ・マインド 実践入門

2007年 4 月27日 初版発行
2015年10月30日 6刷発行

著者
石川英夫(いしかわ・ひでお)

KENKYUSHA
〈検印省略〉

発行者
関戸雅男

発行所
株式会社 研究社
〒102-8152 東京都千代田区富士見2-11-3
電話 営業(03)3288-7777㈹ 編集(03)3288-7711㈹
振替 00150-9-26710
http://www.kenkyusha.co.jp/

印刷所
研究社印刷株式会社

装丁・本文デザイン
亀井昌彦(株式会社 シータス)

ISBN 978-4-327-37700-7 C2034 Printed in Japan